ネットコミュニティの本質

金森 剛 著
Tsuyoshi Kanamori

Nature of
the Virtual
Community

東京　白桃書房　神田

はじめに

　近年，マーケティング・コミュニケーションの手段として，CGM（コンシューマー・ジェネレーテッド・メディア）が注目されている。これまで消費者は，企業からの情報を広告などの形で一方的に受け入れるしかなかったが，1990年代半ばに始まったインターネットによる情報革命は，消費者からの情報発信を可能にした。かつてのパソコン通信の掲示板，インターネット上のニュースグループ，メーリングリスト，トラックバックしあうブログ群などは，すべてクチコミを促進するメディアとなっており，誰もが簡単に自分の消費体験をネット上に発信することができるようになった。またそうした商品評価情報を組織的に収集する仕組みとして，レビューサイトといわれる仕組みも生まれた。いまやPCや家電を買うときには価格.comで，化粧品を買うときには@COSMEで，クチコミをチェックするという行動は当たり前のものとなっている。

　本書では，特定の商品やテーマを中心にして消費者同士の双方向コミュニケーションが成立している，ある程度永続的な場を，ネットコミュニティと呼ぶことにする。一般にネットコミュニティにおいては情報の信頼性が判断しにくいという特徴があり，ネットコミュニティを嫌う消費者もいる。また企業や商品に関する悪いクチコミが流れやすい一方，良いクチコミを流してもらおうとしてもまったく盛りあがらないこともあり，企業側でもネットコミュニティを積極的に活用することを躊躇する傾向がある。このように「強力ではあるがコントロールしにくい」というネットコミュニティのジレンマを解く方策が求められている。

　このジレンマを解くための鍵となる3つの疑問がある。なぜネットコミュニティに参加する人としない人がいるのか，なぜネットコミュニティは盛り上がりにくいのか，なぜネットコミュニティにはクチコミ効果があるのか。ネットコミュニティの本質を理解し，この3つの疑問に答えることで，上記のジレンマが解消できると考える。こうした問題意識から，本書ではネットユーザーのアンケート調査を行い，ネットコミュニティの本質的特性につい

ての実証研究を行った。本書の構成は以下の通りである（図0-1）。

　第1章で問題提起をした後，第2章では関連する先行研究成果を検討し，ネットコミュニティの3つの研究テーマに関する現時点での到達点を明らかにする。その上で研究課題を抽出し，本研究を位置づける。

　第3章では第一の研究テーマであるネットコミュニティの参加の要因について分析する。ネットコミュニティの発言行動の規定要因について仮説を構築し，ネットコミュニティ利用経験者に対するアンケート結果から仮説の検証を行う。規定要因としてはネットコミュニティ利用能力，性格，ネットコミュニティ利用目的，ネットコミュニティ知覚品質を取り上げる。これらの要因がネットコミュニティ上での発言経験の有無や発言頻度を説明する程度を，ロジスティック回帰分析と重回帰分析によって定量化する。その結果を受けて，ネットコミュニティ上で発言をする人の行動の背景を明らかにすると同時に，ネットコミュニティ上の発言の促進方策について検討する。

　第4章では第二の研究テーマであるネットコミュニティの盛り上がりの規定要因として，ネットコミュニティの知覚品質とその構造について分析する。ネットコミュニティの知覚品質を，情報源としての品質とコミュニケーションの場としての品質に分け，それらを規定する要因として，ネットコミュニティ上のルールとツールに着目し，ネットコミュニティ利用経験者に対するアンケートデータを用いて仮説の検証を行う。ルールとツールがネットコミュニティ品質やネットコミュニティ満足度に与える影響を，共分散構造分析モデルによって定量的に検証する。その結果を受けて，ネットコミュニティの知覚品質を向上させるためのルールとツールの活用方法を検討する。

　第5章では第三の研究テーマであるネットコミュニティのマーケティング効果，即ちブランド態度形成効果について分析する。ブランド態度を認知的態度と感情的態度に分け，ブランド態度を規定する要因として実体験情報，自己開示とワントゥワン・アドバイスといった変数を取り上げる。これらの仮説を，ネットコミュニティ利用経験者に対するアンケートデータを用いた共分散構造分析によって，定量的に検証する。その結果を受けて，ネットコミュニティのブランド態度形成の効果を検証し，ブランド態度形成に効果的な情報内容を特定化する。

第6章では本研究で得られた知見をまとめると共に，学術的貢献と実務的貢献を明らかにし，残された課題について述べる。

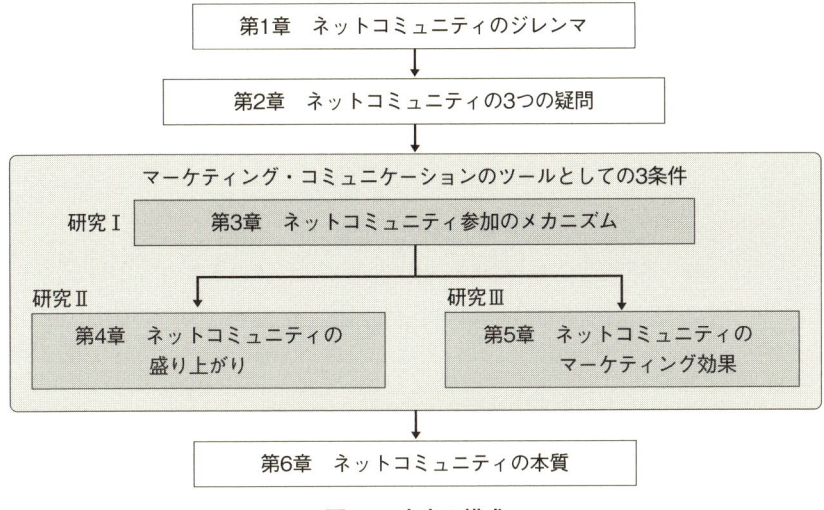

図0-1　本書の構成

本書は筆者の学位請求論文がベースとなっている（金森 2007）。特に第4章と第5章は，それぞれ金森・西尾（2007）と金森・西尾（2005）を基にしたものである。これら論文の共著者であり主指導教官である西尾チヅル先生には，研究方法から研究者としての心構えまで教えていただいた。

その他，筑波大学ビジネス科学研究科の副指導教官である永井裕久先生，佐藤忠彦先生，また大澤幸生先生（当時），椿広計先生（当時），さらに当時の西尾研究室のメンバーである片野浩一さん（現・明星大学），戸谷圭子さん（現・同志社大学）を初めとする方々には，研究推進にあたって貴重なアドバイスをいただいた。

そして，ビデオリサーチ木戸茂常務取締役（当時），同鈴木暁課長（当時）には，調査パネル提供や仮説モデル検討にあたってご支援いただいた。

この場を借りて感謝の意を表します。今日あるのは皆様のおかげです。ありがとうございました。なお，本書の出版にあたっては相模女子大学の出版助成を受けることができた。あわせて感謝の意を表したい。

目次

- はじめに ··· i

第1章　ネットコミュニティのジレンマ

- 1-1　企業不祥事と信頼関係の崩壊 ·· 1
- 1-2　パワフルだがコントロールできないネットコミュニティ ····················· 2
- 1-3　3つの疑問：参加する人しない人，盛り上がり，マーケティング効果 ··· 3
- 1-4　研究対象となるネットコミュニティ ·· 5
- 1-5　用語の定義 ··· 7

第2章　ネットコミュニティの3つの疑問

- 2-1　従来からあった現象：ネット・マーケティング，クチコミ，ブランド・マーケティング ··· 11
- 2-2　なぜネットコミュニティに参加する人としない人がいるのか ··· 12
  - 2-2-1. 問題意識 ··· 12
  - 2-2-2. ネットコミュニティの特徴 ·· 13
  - 2-2-3. ネットコミュニティ参加の目的 ·· 15
  - 2-2-4. ネットコミュニティ参加の動機 ·· 18
  - 2-2-5. ネットコミュニティ参加の要因に関する研究課題 ··············· 19
- 2-3　なぜネットコミュニティは盛り上がりにくいのか ························· 20
  - 2-3-1. 問題意識 ··· 20
  - 2-3-2. ネットコミュニティの存続条件 ·· 20

2-3-3. ネットコミュニティへの介入方法 ―――――――― 21
2-3-4. ルールとツール ―――――――――――――――― 22
2-3-5. ネットコミュニティの知覚品質に関する研究課題 ― 23
2-4 なぜネットコミュニティにはクチコミ効果があるのか ― 24
2-4-1. 問題意識 ――――――――――――――――― 24
2-4-2. ネットコミュニティのクチコミ効果 ――――――― 25
2-4-3. ネット・マーケティング ―――――――――――― 28
2-4-4. ブランド・マーケティング ――――――――――― 31
2-4-5. ネットコミュニティでのブランド態度形成に関する
　　　 研究課題 ――――――――――――――――― 34
2-5 ネットコミュニティの研究方法 ―――――――――――― 35
2-6 本研究における主要研究課題 ―――――――――――― 38
2-6-1. ネットコミュニティ参加の要因 ―――――――――― 38
2-6-2. ネットコミュニティの知覚品質とその構造 ――――― 39
2-6-3. ネットコミュニティのブランド態度形成効果 ―――― 39

第3章　ネットコミュニティ参加のメカニズム

3-1　ネットコミュニティ参加を左右する要因 ――――――――― 41
3-2　利用能力, 性格, 利用目的, 知覚品質 ―――――――――― 42
　　3-2-1. ネットコミュニティ利用能力 ―――――――――― 42
　　3-2-2. ネットコミュニティ参加者の性格 ――――――――― 44
　　3-2-3. ネットコミュニティ利用目的 ―――――――――― 45
　　3-2-4. ネットコミュニティ知覚品質 ―――――――――― 46
　　3-2-5. 発言者分類 ―――――――――――――――― 47
3-3　分析の方法 ―――――――――――――――――――― 48
　　3-3-1. 調査方法 ―――――――――――――――――― 48
　　3-3-2. 変数と尺度 ――――――――――――――――― 48

3-4　分析結果：発言の有無と発言頻度 51
　　　　　3-4-1. サンプルの概要 51
　　　　　3-4-2. 発言者分類 52
　　　　　3-4-3. 発言の有無の規定要因に関する分析 53
　　　　　3-4-4. 発言頻度の規定要因に関する分析 56
　　　3-5　ネットコミュニティ参加の促進方法 58

第4章　ネットコミュニティの盛り上がり

　　　4-1　ネットコミュニティの盛り上がりと情報の信頼性 65
　　　4-2　ルールとツールの効果 66
　　　　　4-2-1. ルールとツール，ブランド情報量と発言者品質 67
　　　　　4-2-2. 情報源としてのネットコミュニティ品質 69
　　　　　4-2-3. コミュニケーションの場としてのネットコミュニティ品質 70
　　　　　4-2-4. ネットコミュニティ満足度 70
　　　　　4-2-5. ROMと発言者 71
　　　4-3　分析方法 72
　　　　　4-3-1. 調査対象と調査方法 72
　　　　　4-3-2. 測定尺度 73
　　　　　4-3-3. モデルの特定化 75
　　　4-4　分析結果：ROM（リード・オンリー・メンバー）と発言者の違い 78
　　　　　4-4-1. 共分散構造分析の結果 78
　　　　　4-4-2. ROMと発言者についての多母集団分析 83
　　　4-5　ネットコミュニティのケーススタディ：価格.comと@COSME 88
　　　　　4-5-1. 価格.com 88
　　　　　4-5-2. @COSME 91

4-6　ネットコミュニティの場の品質を向上させるには ········ 93

第5章　ネットコミュニティのマーケティング効果

5-1　クチコミはなぜ信頼できるのか ········ 99
5-2　利用経験者の発言,ワントゥワン発言,信頼できるメンバーと自己開示 ········ 100
 5-2-1. ブランド態度 ········ 101
 5-2-2. 利用経験者の発言 ········ 101
 5-2-3. ワントゥワン発言 ········ 102
 5-2-4. 信頼できるメンバー数と自己開示 ········ 102
 5-2-5. ブランド態度形成 ········ 103
5-3　分析の方法 ········ 105
 5-3-1. 調査対象と調査方法 ········ 105
 5-3-2. 測定尺度 ········ 105
5-4　分析結果:ブランド態度形成効果 ········ 108
5-5　ネットコミュニティのマーケティング効果を発揮させるには ········ 114
 5-5-1. 実務的インプリケーション ········ 114
 5-5-2. 精緻化見込みモデルの拡張 ········ 115
 5-5-3. 今後の課題 ········ 117

第6章　ネットコミュニティの本質

6-1　分析結果のまとめ ········ 121
 6-1-1. 本研究の目的 ········ 121

		6-1-2. 本研究の結論	122
6-2		本研究のコミュニケーション研究への貢献	126
		6-2-1. クチコミの個人差要因と状況要因	126
		6-2-2. クチコミの場のコントロール	127
		6-2-3. 精緻化見込みモデルの拡張	127
6-3		実務へのインプリケーション：クチコミ, ネット・マーケティング, ブランド・マーケティング	128
		6-3-1. ネットコミュニティの知覚品質の特定化	128
		6-3-2. ルールとツールによる知覚品質向上	128
		6-3-3. 認知的態度と感情的態度の形成	129
6-4		残された課題	130
6-5		ネットコミュニティの本質：新しい企業像	131

参考文献 134

第1章
ネットコミュニティのジレンマ

1-1 企業不祥事と信頼関係の崩壊

　賞味期限偽装事件が頻発するなど，消費財企業と消費者との間の信頼関係が崩壊しつつある。企業は長い不況の時代を経て，消費者を騙すことによってしか存続できなくなってきているかのようである。その一方で消費者に愛され続けるブランドも存在する。片平（1999b）が「パワーブランド」としてあげるSONY，メルセデス・ベンツ，NIKE，ネスレなどでは，企業が顧客に対して夢を与え，顧客がブランドに対して期待をし，企業がまたそれに応えるというサイクルが実現している。

　企業は自社のブランドの素晴らしさを顧客に伝え，信じてもらうために，様々なマーケティング・コミュニケーション戦略を編み出してきた。しかし基本的信頼関係が崩壊しつつある今，それらの戦略の効果が薄れてきている。莫大な広告費用やイベント費用を支出しても，その意図は賢くなった消費者に見透かされてしまい，信頼関係を形成することは難しい。消費者はもはや「企業」を全面的に信頼することはないが，一方で信頼する「人」からの情報であれば耳を傾ける。その商品の評価について一番信頼できる人は，実際

に購入して使用した経験を持つ人である。使用経験者の情報が人から人に伝わる，いわゆるクチコミが最も信頼されるメディアであるとされるゆえんである。

1-2　パワフルだがコントロールできないネットコミュニティ

　インターネット上でクチコミの流通を促進する仕組みの1つに「ネットコミュニティ」がある。商品・サービスのブランド選択にあたってネットコミュニティの情報を参考にする消費者は増加してきており，積極的にネットコミュニティを活用していこうという企業も増加しつつある（注1）。近年では「ネットコミュニティ白書」も出版されており，産業界での注目度が上がってきている（金森 2008）。

　これまでインターネットについては，広告モデル，電子商取引モデル（Hanson 2000），ニーズマッチングモデル（Hagel III et al. 1999）などの様々なビジネスモデルが提案されてきた。近年では，インターネットの双方向性をいかしたネットコミュニティのマーケティング活動への応用が注目されている（注2）。

　ネットコミュニティが注目されている背景には，ネットコミュニティがマーケティング・コミュニケーションのツールとして，従来のメディアよりも効果が高い，という期待がある。第一にネット上の「クチコミ」として，企業側が一方的に発信した情報と比べて相対的に客観的で信頼性の高い情報を提供できるチャネルである。第二に「インターネット」を活用したチャネルであり，双方向のワントゥワン・コミュニケーションを，現実の店頭での対面販売よりも安価に実現することができる。第三に特定「ブランド」に共感する消費者が自発的にコミュニティに集まってコミュニケーションすることにより，その発言を見た他の消費者にも共感が生まれ，強い肯定的ブランド態度形成が可能となる，というブランド・マーケティングの効果である。これらの「クチコミ」，「ネット・マーケティング」，「ブランド・マーケティング」の3つの視点から，ネットコミュニティは注目を集めている。

ただしネット上のクチコミは，発言者の顔が見えないため，評価が難しい。発言者が嘘をついていない保証はない。場合によってはその商品を製造・販売している企業の社員が，消費者のふりをして，自社に有利な発言をしているのかもしれない。そのためネットコミュニティへのアクセスを嫌う人も多い。またネットコミュニティ上で質問をしてバッシングされたりすることを恐れる人も多い。企業側でも，クチコミは消費者主導であるがゆえにコントロールが難しく，企業や製品に対する否定的情報が流れることを懸念することが多い。「強力ではあるがコントロールしにくい」，これがネットコミュニティのジレンマである。

筆者は1995年に日本で初めて安全なクレジットカード決済ができるインターネット上のショッピングモール（金森 1999）を開設するなど，ネットビジネスの黎明期からこの分野で活動してきた。それらの活動を通じて，消費者の方々と直接ネット上でのコミュニケーションをとる機会が多かった。また自分でも1人の消費者としてネット上で商品を購入したり，オークションで商品を販売したりしてきた。筆者自身はこうしたビジネスモデルに何の抵抗もなかったが，ネット上での取引を嫌い，匿名の消費者同士での会話を恐れる人がいることに気がついた。またクレーム処理の場面や，クチコミ交換の場で，どうしようもなく場が荒れてしまうという経験もした。しかしコミュニケーションがうまくいって共感を呼び，今まで不満を表明していた顧客が自社の一番の味方になってくれるという感動的な体験もした。これらの成功と失敗のわかれ目を明らかにしたく，ネットコミュニティの研究に着手した次第である。

1-3　3つの疑問：参加する人しない人，盛り上がり，マーケティング効果

「強力ではあるがコントロールしにくい」というネットコミュニティのジレンマを解くための鍵となる3つの疑問がある。①ホームページ上にネットコミュニティの場を開設しても発言してくれる人は少ないのではないか，②

ネットコミュニティ上の情報は無責任な書き込みであり，信憑性が低く，消費者が満足できるような場ではないため，盛り上がらないのではないか，③クチコミに頼って形成されたブランド態度は感情的態度であり，相対的に弱い態度しか形成できず，かえって悪い噂の発生という危険性があるのではないか，等である。また，仮に発言の促進，場の満足度向上，強い態度形成を実現することができたとしても，その維持のために有能なネットコミュニティ運営者が司会者として24時間ネットコミュニティに介入し続けることは，コスト的に困難である。これらの問題を克服する現実的な手法が開発されない限り，企業のブランド・マーケティング担当者がネットコミュニティをマーケティング・コミュニケーションのツールとして活用することはできない。

　Rice（1993）は態度形成に影響を与えるマーケティング・コミュニケーションの要因を，メッセージの内容，情報源，チャネル，受け手の属性，製品の特徴の5つに整理している（図1-1）。このフレームを用いて本研究の問題意識を整理すると，①発言の促進については，マーケティング・コミュニケーションの対象である消費者，即ちメッセージの「受け手」の発言を促進するための要件を明らかにすることである。②消費者が満足して盛り上がるかどうかはコミュニケーションの場としての「チャネル」の要件の問題である。③クチコミの効果については「メッセージ内容」の要件の解明である。「情報源」については，「チャネル」や「メッセージ内容」と密接に結びついたものとして，これら2つの問題と合わせて検討することができる。なお本研究では「製品の特徴」を捨象し，ネットコミュニティに共通の構造を明ら

出所：Rice（1993）より作成

図1-1　受け手の態度形成に影響を与える要因

かにしたい。

　本研究の目的は、企業のブランド・マーケティング担当者がネットコミュニティをマーケティング・コミュニケーションのツールとして活用するために、上記の4つの要因に関する条件を特定化して、ツールとしての有効性と操作性を向上させる方法を開発することである。そのため、消費者のネットコミュニティに対する参加、ネットコミュニティの場の品質に対する満足、そこで得られた情報によるブランド態度形成の規定要因を明らかにする必要がある。これらの規定構造が明らかになることで、企業のブランド・マーケティング担当者やそれをサポートするネットコミュニティ運営者はネットコミュニティを活用して、消費者の発言を増やし、ネットコミュニティの場に対して満足してもらい、強いブランド態度を形成させることが可能となる。

1-4　研究対象となるネットコミュニティ

　本研究では、マーケティング・コミュニケーションのツールとしてのネットコミュニティについて、表1-1のようなタイプを想定している。第一に企業のブランド・マーケティング担当者が、自社ホームページ内でネットコミュニティの場を設定して運営するというコミュニケーション方法があり、これをタイプAと呼ぶ。「ホンダコミュニティ」などが典型である。タイプAでは特定ブランドをテーマとして消費者が参加する。企業側の目的は、消費者への情報発信と消費者からの情報収集である。なお、このタイプではネットコミュニティ運営代行者に運営を委託する場合もある。第二に、「FPANAPC」などのように、特定ブランドファンが個人で運営しているネットコミュニティがあり、これをタイプBと呼ぶ。ブランド企業側としてはファンの声を収集して商品開発などに活用することができる。第三に、特定商品分野についての話題をテーマに運営されるネットコミュニティがあり、これをタイプCと呼ぶ。「価格.com」や「@COSME」などのレビューサイトが典型的である。ブランド企業側としてはファンの声を収集して商品開発

表1-1　企業側から見たネットコミュニティのタイプ

タイプ	運営形態	例	ネットコミュニティのテーマ	運営者	企業側の目的	消費者側の目的
A	ブランド企業のサイト、もしくはネットコミュニティを運営代行する第三者企業サイトで運営	ホンダコミュニティ http://www.honda.co.jp/community/	特定ブランド	企業のブランドマネジメント担当者、もしくはネットコミュニティ運営代行者	・企業から消費者への情報発信 ・消費者の声を企業が収集	・ブランド企業からの情報収集（手段的利用） ・ブランドユーザー同士の交流（即自的利用） ・ブランド企業への各種提案（創造的利用）
B	各種コミュニティーサイト上で個人が運営	FPANAPC（パナソニックPCのファンサイト）http://forum.nifty.com/fpanapc/news.htm	特定ブランド	個人のブランドファン	・消費者の声を企業が収集	・ブランド情報の収集（手段的利用） ・ブランドユーザー同士の交流（即自的利用） ・ブランド企業への各種提案（創造的利用）
C	第三者の立場でネットコミュニティを運営	価格.com http://kakaku.com @COSME http://www.cosme.net	特定生活分野、もしくは特定商品分野	ネットコミュニティ運営者	・消費者の声を企業が収集 ・広告や一部運営委託もある	・ブランド情報の収集（手段的利用）

などに活用することができるが，さらに広告を出稿したり，プロモーションを目的として特定ブランドをテーマとしたネットコミュニティの運営を委託することもできるようになってきている。本研究ではブランド企業側の視点に立って，これらの3タイプのネットコミュニティにおいて，消費者の参加を促し，ネットコミュニティの場に対して満足してもらい，消費者に強いブランド態度を形成させるための方策を検討する。

1-5　用語の定義

　ここで研究の対象となるコミュニティ，ネットコミュニティと参加，マーケティング・コミュニケーションについてその定義を示す。

(1) コミュニティ

　『社会学小辞典』（濱島・竹内・石川 1977）でコミュニティは，「一定地域の住民がその地域の風土的個性を背景に，その地域の共同体に対して特定の帰属意識をもち，自身の政治的自律性と文化的独自性を追求すること」，と規定されている。しかし，コミュニティの規定自体，多義的で，そのことがコミュニティ概念の曖昧さにつながっている。Hillery, G.A.はコミュニティの94通りの規定を整理して，「地域性（area）」と「共同性（common ties and social interaction）」が最低限の共通項であることを発見している（濱島・竹内・石川 1977）。しかし本研究では「地域性」を前提とはしない。

　図1-2に示すように，社会集団は一般に「私的小集団」と「公的大社会」に分類される。しかしそのどちらにも属さない「中間集団」が存在する。テンニースの「精神のゲマインシャフト」，マッキーバーの「アソシエーショナル・コミュニティ」，ハーバーマスの「公共圏」等がそれに相当する（阿部潔1998；水上 1997；中 1981；Tonnies 1887；吉田 2000）。

　社会学における近年のコミュニティ研究及び実践は，ほとんどが上記の私的小集団としてのコミュニティに相当する，地域コミュニティ研究である（鈴

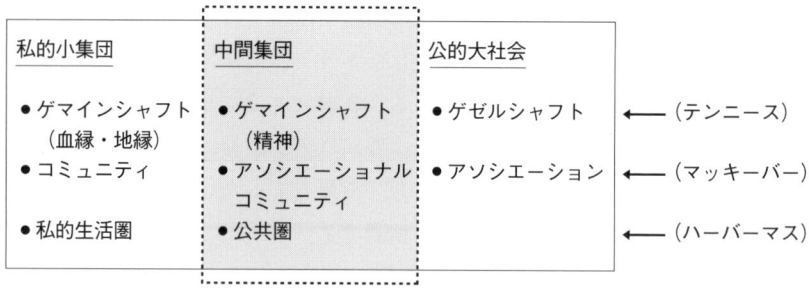

図1-2　社会学におけるコミュニティの位置づけ

木 2001；野村総合研究所 2001）。一般には地縁等で生まれながらにして存在する集団を指すが，本研究ではこれを拡張して使用する。従って，本研究における「コミュニティ」とは，企業組織のような明確な目的と指示命令系統といった構造がない平等な集団であり，帰属意識があり，地域コミュニティよりも参入退出の容易性がある中間集団である。その意味でネットコミュニティは，極めて現代的で都市的な生活の中に位置づけられるものであろう（金森 2009a）。

(2) ネットコミュニティと参加

本研究で「ネットコミュニティ」とは，特定の生活分野，製品，企業，ブランド等の関心領域をテーマにして，インターネットをはじめとする電子ネットワーク上のメディアで，文字を中心とする双方向コミュニケーションを行っている，何らかの帰属意識や顧客間インタラクション（國領 1997；Kokuryo 1998）が存在する集団である。メディアとしては，Webの掲示板（BBS），チャット，メーリングリスト，ニュースグループ，パソコン通信のフォーラムや会議室，ブログ，ソーシャル・ネットワーク・サービス（SNS）等，いろいろな形態がある。特定のメンバーだけで構成されたクローズドなコミュニティもあれば，メンバーの入れ替わりが激しく仲間意識が希薄なレビューサイトのようなコミュニティもある。本研究ではこれらすべてをネットコミュニティとし，研究の対象とする。

　ネットコミュニティは自然発生的に生まれてきたものであるが，先駆的な

企業のブランド・マーケティング担当者は，ブランド・マーケティングを目的として，ネットコミュニティをネット上のクチコミの場として活用してきた。本研究においてもネットコミュニティを自然発生的な社会現象として捉えるのではなく，企業のマーケティング・コミュニケーションのツールとして捉えることとする。

なお本研究では先行研究を踏まえて，「ネットコミュニティへの参加」とは，定期的に発言を読み，かつ発言（書き込み）をすることであると定義する（篠原・三浦 1999）。ネットコミュニティにおける発言の重要性は，下記の3つである。第一に，発言がなければネットコミュニティ上の情報が増えない。第二に，消費者は質問をしなければ自分にとって有効な情報を得ることが困難である。第三に，企業のブランド・マーケティング担当者にとっては，消費者の生の声を収集するためにも発言の促進が重要である。消費者は必要があればネットコミュニティを見に来るものであり，企業側からその必要性を高めるような操作をすることは困難である。よって見に来たあとの発言の促進が重要な課題となる。

(3) マーケティング・コミュニケーション

本研究の目的は，ネットコミュニティをマーケティング・コミュニケーションのツールとして活用することである。マーケティング活動は，消費者のニーズ調査，商品企画，テストマーケティング，商品開発，広告・プロモーション，販売・決済・商品配送，顧客維持，満足度調査，といった様々活動から構成される。本研究ではマーケティング・コミュニケーションを，上記の様々な活動にかかわる消費者と企業との間の直接・間接のコミュニケーションとして捉えることにする。狭義のマーケティング・コミュニケーションは広告・プロモーションという，企業から顧客への一方向のコミュニケーションが中心であるが，本研究では企業と顧客との双方向コミュニケーションや，顧客同士のインタラクションも含めて，マーケティング・コミュニケーションと考える。

(注1) 各種調査より推計すると，①コミュニティ利用は全人口の14〜15%程度，②商品やサービスの情報収集に利用しているもの8〜9%程度，③実際の購買に利用しているもの6%程度と推計される（金森・木村 2003）。このように，全人口の1割前後が何らかの形でネットコミュニティを通じて商品・サービスと接触しており，普及のためのクリティカルマスを超えつつあるといえる。一方で社団法人日本広告主協会（2002）によれば，調査対象の90社中24%が自社Webサイトで掲示板・チャットを開設していると回答している。ネット利用に熱心な企業が多いサンプルとはいえ，コミュニティを活用しようという企業が増加してきている状況を表している。

(注2) ネットコミュニティをマーケティングに活用するための研究としては，国内外で以下のような実績がある。HagelⅢ & Armstrong 1997, HagelⅢ & Singer 1999, Kim 2000, Winer, Deighton, Gupta, Johnson, Mellers, Morwits, O'guinn, Rangaswamy & Sawyer 1997, 池尾 2003, 石井・厚美 2002, 石川・コミュニティ戦略研究会 2001, 根来・海老根 2000, 橋本 2001, 古川 1999, 2001．

第2章
ネットコミュニティの3つの疑問

2-1 従来からあった現象：ネット・マーケティング，クチコミ，ブランド・マーケティング

　本章ではネットコミュニティにかかわる先行研究を整理・検討し，マーケティング・コミュニケーション・ツールとして活用するための研究課題を明らかにする。

　本研究では，企業内にいるブランドマネージャーが，ネットコミュニティをマーケティング・コミュニケーションのツールとして活用できるようにすることが目的である。活用のための要件は，情報の受け手，チャネル，メッセージ内容と効果の3つであるため，ネットコミュニティ参加の要因，ネットコミュニティの知覚品質とその構造，ネットコミュニティのブランド態度形成効果，といった3つのメカニズムの解明を行う必要がある。

　サーベイの手順は以下の通りである。前述の3つの研究テーマに対応して，ネットコミュニティの実態論，ネットコミュニティの運営論，ブランド態度形成論（クチコミ論，ネット・マーケティング論，ブランド論）について，ネットコミュニティを対象とした研究やその他の関連研究をレビューする（図2-1）。さらに今後必要とされる研究アプローチについては，最後にまと

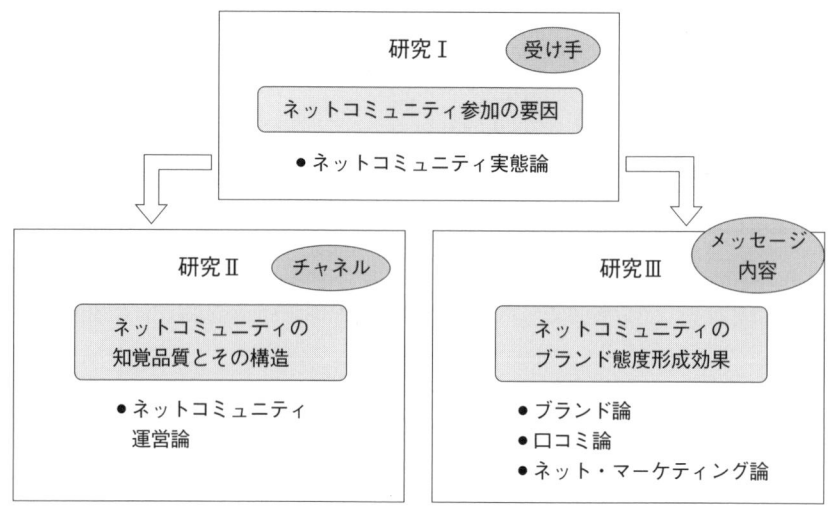

図2-1 ネットコミュニティの研究分野

めて整理する。

なおネットコミュニティは新しい現象であるため，学問的な専門分野が確定していない。そのメカニズム解明のためには幅広い学際的研究が必要となる。本研究では社会学，社会心理学，消費者行動論，マーケティング管理論等の分野における研究成果を活用する。

2-2 なぜネットコミュニティに参加する人としない人がいるのか

2-2-1. 問題意識

インターネットやネットコミュニティは広く普及してきているが，ネットコミュニティの情報を活用したり発言したりする人は，未だに特殊な人々であると見られがちである。確かにすべての人がネットコミュニティを利用しているわけではない。インターネットのオールド・ユーザーはJUNETユーザーや商用BBSユーザーだが，彼らはかつてネット・コミュニケーション

そのものを目的として活動していた。そのため未だにオールド・ユーザーのイメージから，ネットコミュニティは「ネットおたく」のためのサービスであると考えられている。ネットコミュニティはどこか「暗い」雰囲気を持っており，ささいなことでネット上で喧嘩をし（フレーミング），リアルワールドでは人づき合いが悪く，隣の席の人に話をするのでもeメールを使う，などと言われている。しかしネット上で見る限り，デモグラフィック属性や社会的背景の異なる，多種多様な人々が参加している。そこで交わされる会話も対面で交わされる会話と特に差異は感じられない。

以下ではネットコミュニティの基本的な特徴を踏まえた上で，ネットコミュニティ参加の目的や動機に関する先行研究をレビューし，人はなぜネットコミュニティに参加して発言するのか，その実態を把握し，ネットコミュニティ参加の要因に関する研究課題を抽出する。

2-2-2. ネットコミュニティの特徴

Rheingold（1993）は「バーチャルコミュニティ」というコミュニティが存在する，ということを，初期のネットコミュニティである「Well」への参加を通じて，紀行文として記している。そこでは，既存の権威から解放された平等な組織として，ネットコミュニティが美化されている。

その後，コミュニケーション論の分野では，CME（コンピュータに媒介された環境），CMC（コンピュータに媒介されたコミュニケーション）という研究分野が確立してきた。初期の研究においては，CMCの特徴は下記のように整理されている。すなわち，①時間と情報処理の圧力，②規制のフィードバックの欠如，③ドラマツルギーの弱さ，④地位や役割に関する手がかりの欠如，⑤社会的匿名性，⑥規範と未成熟なエチケット（Kiesler, Siegel & McGuire 1984；McGuire, Kiesler & Siegel 1987；Siegel, Dubrovsky, Kiesler & McGuire 1986）。また，ネットコミュニティ上で「規範」が次第に制度化されていく，という研究成果もある（Postmes, Spears & Lea 2000）。これらのネットコミュニティはニュースグループやBBSが前提であるが，それだけでなくチャット（IRC）においてもコミュニティの存在が確認されている（Liu 1999）。

日本においては，インターネット以前では，80年代にサービスを開始した，NIFTYなどの商用BBS（パソコン通信）がネットコミュニティの主流であった。分野別の「フォーラム」と，そのサブグループである「電子会議室」は，「顧客間インタラクション」が生じる場となる。これらのネットコミュニティの特徴としては表2-1に示すようなものがあげられる（池田 1997, 2000；遠藤 1998, 2000；川浦 1998；熊谷 1999；船津 1996；古川 1993；宮田 1993；安川・杉山 1999）。

　これらの研究結果を見る限り，やはりネットコミュニティは単なる情報チャネルではなく，コミュニティの一種である。参加者は一般のホームページを眺めるような気楽さで接することはできない。それでは，わざわざネット

表2-1　ネットコミュニティの特徴

①参加目的の手段性と即自性	：情報収集の手段という目的もあるが，コミュニケーション自体を楽しむ即自的（コンサマトリー）参加もある。
②コミットメント（関与）の弱さ	：メンバーは非常に流動的で，参入・退出が自由である。
③言語コミュニケーション	：身振り手振りや姿形といった非言語コミュニケーションがない。
④匿名性	：電子会議室では一般にハンドルと呼ばれるニックネームを使って発言する。また社会的地位等の情報を開示する必要がないため，自己像を主体的に形成することができる（選択された自己呈示）。
⑤非同期なインタラクティブ性	：リアルタイムに会話をする場合よりも反応に時間がかかるが，手紙よりはずっと速い。また自ら積極的に会議室に「行く」ことによって初めて参加できるメディアでもある。
⑥場のリアリティ	：会議室ごとに，その場の発言の特徴が規定される。例えばジャーナリズムフォーラムでは意見表出，アニメーションフォーラムでは感情表出と自己呈示，国際交流フォーラムでは挨拶，コンピュータフォーラムでは本名表示，が一般的な発言の特徴となっている。
⑦ボランティア精神	：質問に対しては回答がつきやすい。情報提供によるアドバイスや支援が一般的な行動パターンである。
⑧経験からの発言	：体系的・客観的な情報の発信よりも，自らの実体験に基づく情報発信の方が発信力が強く，参加メンバーの関心を引いて反応を引き出しやすい。

出所：先行研究をもとに筆者作成

コミュニティにアクセスして発言する人は，どのような目的でネットコミュニティに参加しているのであろうか。

2-2-3. ネットコミュニティ参加の目的

　ネットコミュニティには様々な種類があり，類型ごとにネットコミュニティ参加の目的が異なると考えられる。

　NIFTYネットワークコミュニティ研究会（1997）によれば，フォーラム（ネットコミュニティの一種）の分類軸には5つある（①管理度，②情報チャネル完成度，③創発意識度，④企業家度，⑤オフライン重視度）。これによってフォーラムを分類すると，今後は企業性重視かコミュニケーション性重視か，またコミュニケーション型かメディア型かに分化していくという。

　日本マーケティング協会ではアンケートを行い，「行きつけのコミュニティサイト」のURLを収集した。非常に分散が大きいが，表2-2のようなサイトがリストアップされている（（社）日本マーケティング協会マーケティングサイエンス研究会 2002）。

　同研究会（2002）はこれらのネットコミュニティを「ツール型」「ルール型」「発展型」の3つに分類している。「ツール型」とは，コミュニティでのコミュニケーションを促進するための「ツール」を数多く用意した「場」のサービスであり，表2-2のサイトはこのタイプに分類される。ここにリストアップされた以外にも，メーリングリストサービス，ホームページサービス，掲示板サービス等がある。これらのサイトで多く見られるツールには，個人紹介ツール，電子名刺，アンケート・投票，共有フォルダ，アルバム，スケジューラ，名簿，等がある。2つめの分類が「ルール」型である。典型的な「ルール」型コミュニティは，古くからの商用BBSであるNIFTYである。フォーラムマネージャーやシスオペが発言のルールを管理しており，不適切な発言をするメンバーは注意される。第3の分類が「発展」型である。例えばNIFTYのフォーラムである「FPANAPC」はもともとPanasonicのPCのファンの交流のためのフォーラムだったが，次第にトラブル・シューティングのためのサイトとして活用されるようになり，最後には松下電器（現Panasonic）がメンバーの一部と新商品の共同開発を行うようになった。

表2-2 行きつけのコミュニティサイト

http://community.m-sta.com/	（エムスタ）	一般
http://messages.yahoo.co.jp/	（ヤフー）	一般
http://www.isize.com/	（イサイズ）	生活分野別
http://www.2ch.net	（2チャンネル）	一般
http://women.benesse.ne.jp/	（ウーマンズパーク）	女性向け
http://www.friend.ne.jp/	（ガーラフレンド）	一般
http://community.goo.ne.jp/	（グー）	一般
http://cosme.net/	（アットコスメ）	化粧品
https://www.5050jp.com/	（フィフティ・フィフティ・JP）	懸賞
http://www.aimail.co.jp/	（アイメール）	結婚紹介
http://www.geocities.co.jp/	（ジオシティーズ）	一般
http://www.orangepage.net/	（オレンジページ）	女性向け
http://www.toku-chi.com/	（トクッチ）	女性向け
http://club.lycos.co.jp/	（ライコス）	一般
http://lucky.ne.jp/	（メルチャ）	女性向け
http://www.excite.co.jp/	（エキサイト）	一般
http://www.la-lan.net/	（ララン）	女性向け
http://www.oricon.co.jp	（オリコン）	音楽

注：・・分散が大きい。圧倒的にシェアが高いのはエムスタで9％だが，会員20万人のウーマンズパークは3％で，上記のほとんどが1％程度。
　　・個別のテーマに特化したコミュニティよりも，コミュニティ・インフラが選択された。
　　・女性向けサイト，一般検索サイトが目立つ。
　　・行きつけのコミュニティには非公開サイトもあるはずであるが，回答されない。
出所：JMAインターネットの世界における消費者行動を探る研究会調査（2001年12月），「あなたの行きつけのコミュニティサイトは？」（1000人中約260人が回答），そのうち，複数人が回答したサイト

　これらの先行研究を踏まえ，本研究では金森・木村（2003）に依拠し，消費者から見たネットコミュニティには下記の3タイプがあると考える（表2-3）。
　a．手段的コミュニティ：商品関連情報を収集し，困ったときの解決方法を共有する。

b. 即自的コミュニティ：参加して交流すること自体を楽しむ。
c. 創造的コミュニティ：参加者のコラボレーションにより新しい価値を創造する。

この中ではa, b, c,の境界は曖昧であり，時間の経過と共に各類型間を移動することもある。手段的コミュニティは，メーカーのホームページにあるFAQ集もしくはヘルプデスクの代替品である。参加者はPC等の商品の使用上わからないことがあると，このコミュニティにアクセスして質問を投げる。コミュニティ参加者の内でそのPCの利用経験者は，これに答えて自分なりの解決方法を送信する。即自的コミュニティは，従来からのネットコミュニティの典型である。交流することが目的であり，同じ趣味を持つ人々が集ったり，同じ商品を持つ人々が集まったりして，互いに自慢話やアドバ

表2-3 消費者から見たネットコミュニティタイプ

	タイプ	対象テーマ	組織構造	マーケティング成果	企業の支援・介入
手段的コミュニティ	情報共有型 Q&Aを通じて，情報共有	育児，化粧品，薬品，PC，結婚，ファッション，就職，資産形成，家電	学校型組織 ●老師，導師，メンター ●初心者をばかにせず答える	コンビニエンスサポート付商品（共同購入）	メンター（導師）としての技術者
即自的コミュニティ	交流型 コミュニケーションそのものが楽しみ（長期）	車，グルメ，旅行，音楽，アイドル，ゲーム，スポーツ，ペット，ガーデニング	クラブ型組織 ●ブランドコミュニティ ●仲間意識 ●物語，儀式 ●責任感	ブランド・アイデンティティ ブランド・ロイヤルティ ブランド・エクイティ	情報提供（物語等）
創造的コミュニティ	討論型 特定テーマについて，意見交換（短期）	福祉，省エネ，リサイクル	会社型組織 ●創造モード ●学園祭前夜の興奮 ●報酬体系	イノベーション 新しいアイデア 新しい価値 新しいライフスタイル （生協型）	パートナーとして参加

出所：金森・木村（2003）より作成

イスを繰り返している。交流が目的であるがゆえに，オフラインでのパーティー（オフ会，オフミ）を開催することも多い。創造的コミュニティは，平等な参加メンバーが明確な目的を持って，新しい商品やアイデアを創造しようとするコミュニティである。バーチャル企業に近く，ネットコミュニティは創造のためのグループウェアとなっている（Anderson & Kanuka 1997；Grantham 2000）。実際にネットを活用したブレーンストーミングでは，アイデアの創造に効果があったとの報告もある（三浦2001）。

このようにネットコミュニティへの参加の目的は1つではないが，いずれの場合にも参加にはコミュニティという集団への何らかの貢献を伴う。わざわざコミュニティへの貢献を行おうとする動機について，次に検討する。

2-2-4. ネットコミュニティ参加の動機

ネットコミュニティに参加して活動することは，消費者にとって一定の価値がある活動である。ネットコミュニティの価値は単なる情報チャネルとしての利便性だけではないし，また交流だけが価値でもない。ネットコミュニティ上で直接的な利益がないにもかかわらず他人を一生懸命援助している様子を見ると，ネットコミュニティ参加者は交流するという価値以外にも価値を見出しているように見える。

Schmitt（1999）は『経験価値マーケティング』の中で，消費者の価値を5つに分類している。Sense, Feel, Think, Act, Relate である。この中で特にネットコミュニティに関連する価値としては，最後のRelate（関係性）が取り上げられている。準拠集団との関連づけによって商品はさらに価値が高いものになる。従って，自分が価値を見出している準拠集団がネットコミュニティにあれば，そこへの参加は高い価値を持つことになる。

Holbrook（1999）によれば消費者の価値には8つの種類がある。効率性，卓越性，地位，尊敬，遊戯，美学，倫理性，精神性である。ネットコミュニティ上で他者の質問に答える等の援助行動を行う場合，その人は他者からの「尊敬」を得て，コミュニティ内での一定の「地位」を獲得するといった価値の実現も期待されていると考えられる。

古くは人類学者のMauss（1923-1924）が『贈与論』で展開したように，

贈与することが価値であるという現象が，文化と時代を超えて観察されている。狩猟採集民の社会において，特に祭礼の際にやり取りされる贈り物「ポトラッチ」によって相手を圧倒することが価値になっているが，これがエスカレートして自分の財産（例えば紋章入り銅板やソリ用の犬等）の破壊・殺害によって相手を圧倒しようとするようになる。ネットコミュニティにおいても各種ノウハウや情報の「贈与」が観察される。

　経済には市場，政府，ボランティアの3つのセクターがあるといわれる。情報の非対称性のある財では，非営利のNPOによるボランティアの方が，企業よりも有効ではないかという議論がある。競争よりも相互扶助が有効な分野があるということである（今井・金子 1988；金子1992, 1999；中村・金子 1999；小澤 2001）。そこでは「バルネラビリティ（脆弱性）」を積極的に選び取る結果として，逆に自己実現を達成していくというメカニズムが存在する。自己を守らずに跳び込んでいくことで事態を操作できた，他人に影響を与えることができた，ということが快感なのである。

　このように，ネットコミュニティへの参加には単なる情報価値や交流以外にも，準拠，地位・尊敬，圧倒，操作といった価値が関係しているように考えられる。

2-2-5. ネットコミュニティ参加の要因に関する研究課題

　以上，ネットコミュニティの実態を分析した先行研究を，メンバーの参加の理由という視点から検討してきた。ネットコミュニティは，単なる情報チャネルではなく，コミュニティの一種であり，一般のホームページを眺めるような気楽さで接することはできない。その上，ネットコミュニティへの参加にはコミュニティという集団への何らかの貢献を伴う。しかしネットコミュニティへの貢献によって準拠，地位・尊敬，圧倒，操作といった価値を実現している。

　ネットコミュニティによって普遍的な価値の実現が可能であるとしたら，人は誰しも条件が整えばネットコミュニティにおいて発言するはずである。しかし現実に発言する人としない人が存在するのはなぜだろうか。その理由を体系的に検討した先行研究はない。本研究の第一の研究課題は，ネットコ

ミュニティにアクセスした人が発言をするための条件の特定化である。

2-3 なぜネットコミュニティは盛り上がりにくいのか

2-3-1. 問題意識

　ネットコミュニティをマーケティング・コミュニケーションのツールとして活用するためには，消費者のネットコミュニティに対する満足度を向上させる必要がある。ここではまずネットコミュニティの存続条件を検討した後に，ネットコミュニティへの介入方法について先行研究をレビューする。さらにネットコミュニティの品質向上策として「ルールとツール」という概念について検討する。

2-3-2. ネットコミュニティの存続条件

　NIFTYネットワークコミュニティ研究会（1997）によれば，インターネット初期のニュースグループJUNETの発言を分類すると，7つに分類できる（肯定，中立，否定，質問，回答，謝罪，レスなし）。その中で「中立的発言」に最もレス（反応，回答，返事）がついていることがわかった。これは近年のブログやtwitterの普及とも符合していて興味深い。無理に話を展開させるより，各人が独立して価値ある情報を提供することが，ネットコミュニティの活性化には貢献するようである。フォーラムマネージャーのタイプには3つあり（アクティブ・ユーザー延長型，黒子型，マネージャー型），いずれの場合でも他人の発言からコメントツリーを育てられる人がボードリーダーとして理想的だといわれている。これには商用BBSが滞在時間に応じた料金を徴収しているというビジネスモデルも影響している。

　池田（1997）によれば電子会議室での「盛り上がり，活性化」は，発言（レス）の「長さ」と「深さ」で定義することができる。特定の発言に対するレスが大量につけば，それは長いレスである。特定の発言に対するレスに対してさらにレスがつき，そのレスに対してまたレスがつくという直線的関係が長く

続くと,それは深いレスであるとする。なお電子会議室での盛り上がりを促進する発言の種類は,アニメのフォーラムでは「報告」,コンピュータのフォーラムでは「質問」,ジャーナリズムのフォーラムでは「意見表出」である。国際交流のフォーラムでは「依頼」が多く,相対的に盛り上がりにかける。

　ネットコミュニティを観察すると,一般に「自分の実体験に基づく発言」に対してはレス（反応,回答）がつきやすい傾向がある。また,困っている人に対しては援助をしようというボランティア精神が一般的である。さらにメンバーは匿名で参加しており,画面上の文字だけから相手の信頼性を判断している。実体験発言,援助規範,信頼性判断という条件が満たされたとき,ネットコミュニティは存続し続けると考えられる。

　なおこれ以外にも,人工社会,ポリエージェントシステムの観点から社会の存続条件を探る研究も進められている（南 1998；高木1995a, 1995b；横田 1997）。

　以上のように,ネットコミュニティが活性化して存続するためには,中立的発言,実体験発言や,その他「場」の特徴に合わせた発言が必要である。こうした発言を促進するためには,援助規範がある,参加者の信頼性が判断しやすい,といった,参加者にとっての「居心地」,即ち参加者に知覚されたネットコミュニティの場の品質が高いということが条件であると考えられる。ネットコミュニティの場の品質を高めて発言をコントロールする方法について,次にまとめる。

2-3-3. ネットコミュニティへの介入方法

　ネットコミュニティは,歴史的に「消費者主権」の代名詞として発生してきた経緯があり（Rheingold 1993）,企業という保守文化に対する対抗文化の要素を持っている。そのためネットコミュニティに企業メンバーが参加するといった「介入」は嫌われることが多い。その背景には,ネットコミュニティは非営利の信頼性によって維持されているため,利害関係者から発せられた情報は信頼できない,という暗黙の了解がある。しかしながら企業が情報発信をしなければ,消費者がわざわざ話題にすることもなく,ネットコミュニティを活用することはできなくなる。これはジレンマである。

NIFTYの管理者（シスオペ）によれば，基本的に企業が顧客間インタラクションに介入する方法はない，とした上で，ネットコミュニティを盛り上げていくためのノウハウが存在するとする（NIFTYネットワークコミュニティ研究会1997，pp.202-223）。新入会員に対する歓迎レス，オフライン・ミーティング，運営の基本姿勢の明確化，差別の排除，スタッフの信頼性向上，トラブルメーカーを味方につける努力，掛け合いを3人にして他からの参加を促す，等である。

　このようにネットコミュニティへの介入は可能である。しかし，従来からネットコミュニティの運営といえば「司会者」の絶妙な発言誘導方法が注目されており，企業側からは「ネットコミュニティは効果的だが，リスクが大きく，リスクを回避するための運営は高コストである」という印象が強かった。ネットコミュニティの設計の段階で活性化のための構造をビルトインすることができれば，ネットコミュニティは費用対効果の優れたメディアとなる。次にそうした工夫として，ルールとツールという解決策を取り上げる。

2-3-4. ルールとツール

　ネットコミュニティの運営上の工夫として「ルールとツール」の設定の問題として捉える考え方がある。伊藤（1997）によれば，ネットコミュニティには自由に参加・発言ができるという特徴があり，そのカオス状態がネットコミュニティ存続のエネルギーとなっている。しかしそれが行き過ぎるとネットコミュニティは崩壊してしまうため，行き過ぎを抑えてネットコミュニティの存続を維持する規則が必要で，それがネットコミュニティの「ルール」であるという。また伊藤（1997）は，ネットコミュニティをつくっていく人達のために，発言管理やメンバー管理のための「ツール」が必要であるという。

　他にもKim（2000）は表2-4に示すように，メンバー同士が知り合う，リーダーシップを発揮する，エチケットを守る，儀式を整備する，といったネットコミュニティの運営上の「原則」によって，ネットコミュニティの活性度が左右されるとしており，これは「ルール」に相当すると考えられる。

　さらに村本・菊川（2003）によれば，ネットコミュニティ運営に必要となる「ソフトインフラ」があり，それはメンバーを悪意ある侵入者から守り，

表2-4 コミュニティ活性化の9つの戦略

①「目的」を定義し，明確に表現する
②柔軟性と拡張性を備えた集いの「場所」を作る
③意味のあるメンバー「プロファイル」を作り，常に充実させていく
④さまざまな「役割」を準備する
⑤強力な「リーダーシップ」プログラムを作る
⑥適切な「エチケット」を奨励する
⑦恒例の「イベント」を実施する
⑧コミュニティに「儀式」を導入する
⑨メンバーによる「サブグループ」の運用を奨励する

出所：Kim（2000）より作成

コミュニケーションルールを確立して社会秩序を維持し，コミュニケーションを促進するツールを提供するものである。「侵入者から守り」「社会秩序を維持する」ものが「ルール」に相当し，「コミュニケーションを促進する」ものが「ツール」に相当する。

これらのルールとツールが整備されれば，ネットコミュニティのマーケティング・コミュニケーションのツールとしての品質が向上し，利用者の満足度が高まり，ネットコミュニティの情報がネットコミュニティ利用者のブランド選択に影響を及ぼすことになる。

2-3-5. ネットコミュニティの知覚品質に関する研究課題

ネットコミュニティ存続のためには，中立的発言，実体験発言などが多くなければならない。発言を促進するには，何らかのネットコミュニティ品質が維持される必要があり，そのための司会者による運営上の工夫などがある。しかしこの方法では運営にコストがかかりすぎ，現実的ではない。そこでネットコミュニティの設計段階から活性化のメカニズムをビルトインする方法として，「ルールとツール」という考え方が提案されてきた。

しかし具体的にどのようなルールとツールが，どのようなメカニズムでネットコミュニティの場の品質の維持・向上につながるのかを構造的に解明し

た研究成果はない。これはもともとネットコミュニティが企業と対抗する存在としてポジショニングされてきた歴史があるため、企業側からの介入に対して神経質であり、企業側もネットコミュニティへの介入の効果に対して期待していなかったからである。今後はあらためてネットコミュニティの知覚品質を特定化し、その維持・向上に効果のある具体的な「ルールとツール」を明らかにする必要がある。

2-4 なぜネットコミュニティにはクチコミ効果があるのか

2-4-1. 問題意識

ネットコミュニティをマーケティング・コミュニケーション・ツールとして活用するには、マーケティング上の効果、特にブランド態度形成効果が保証される必要がある。

第1章で述べたように、ネットコミュニティには、クチコミメディアとしての側面、ネット・マーケティングの場としての側面、ブランド・マーケティングの手段としての側面がある。以下では図2-2に示すように、3つの側面についての主要な先行研究をレビューし、ネットコミュニティのブランド

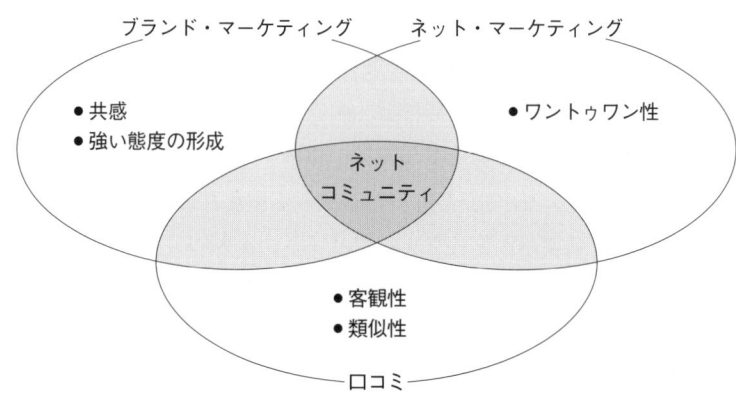

図2-2　ネットコミュニティの用途に関する3つの視点

態度形成効果についての研究課題を導出する。

2-4-2. ネットコミュニティのクチコミ効果
(1) クチコミの効果
　第一の視点は，ネットコミュニティではインフォーマルなパーソナル・コミュニケーション，即ちクチコミが中心であるという点である。一般にクチコミ行動はコントロールしにくいものであり，ネットコミュニティも運営者側でコントロールしにくい「クチコミ」の場である，ということができる。消費者によるネットコミュニティの評価，アクセス，発言の規定要因を特定化しなければ，企業側から活用しにくい情報チャネルである。

　クチコミでは顧客同士のコミュニケーション，即ち顧客間インタラクションが特徴的である（國領 1997, 2001）（図2-3）。なぜ顧客間インタラクションが生じるのだろうか。Rossiter & Percy（1997）は，「プレゼンター」（情報発信者）の「正直さや誠実さ」という特性を「客観性」と呼んでいる。即ちクチコミの場では，互いに立場の類似性が高い顧客同士が，自社製品の販売促進を意図した企業からの宣伝とは違って，顧客として当該製品を使用した経験を基に客観的な評価情報を交換している。従来はクチコミという形で実現していた顧客間のインタラクションが，インターネットのWebやメールによって量と速度を増大させている。それは企業にとって良い結果を生み出すこともあれば，逆にしばしば企業がコントロールできずに悪い噂がネット上を駆け巡ることもある。いずれにせよ今日におけるマーケティング・コ

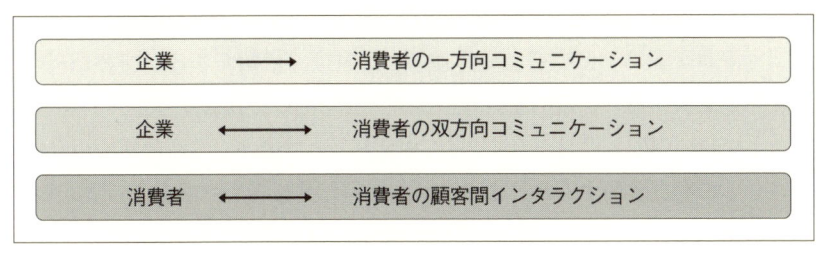

企業	→	消費者の一方向コミュニケーション
企業	←→	消費者の双方向コミュニケーション
消費者	←→	消費者の顧客間インタラクション

出所：國領（1997, 2001）より作成

図2-3　顧客間インタラクション

ミュニケーションを語る上で顧客間インタラクションを担うインターネットを無視することはできない。

　この顧客間インタラクションを積極的に活用していこうというコンセプトが，ネットコミュニティを活用したマーケティングである。

(2) クチコミが発生する状況

　一般にクチコミが発生しやすい要因としては，①はじめて買う，②技術的に複雑，③リスクを伴う，④視覚的に意識される，の4点があげられている（杉本1997；濱岡1994, 2000）。これは Allport & Postman（1947）の法則でいわれていた「重要性と曖昧さ」とも通じる。同様の研究は数多くある（Dye 2000；川上 1997；鈴木 1977）。電通EYE/くちコミ研究会（1995）はクチコミに関するケーススタディを行い，クチコミのベースとなる欲求は，①自慢したい，②コミュニティでの役割を確立したい，③コミュニティでの常識を把握したい，の3つであるとした。さらにクチコミを誘発する状況としては，①リスク，②エンターテインメント，③マイノリティ，④ストレンジの4要素をあげている。

(3) クチコミ効果の有無

　丹野（1999）には，ネット上のフォーラムの内容が肯定的な場合には，商品に対する態度や購入意図がプラスに変化し，その逆も真であるとの実験結果が示されている。また事前態度形成や商品に対する愛着性が，態度・意図の変容に影響を与えており，さらに，フォーラムにおけるユーザーの実体験情報が，商品そのものから得られる情報を補完していることも示されている。

　ネットコミュニティの態度変容効果の源泉は，信頼できる参加者からの，販売促進意図のない客観的な情報のクチコミである。従来からネットコミュニティでは「信頼」が注目されてきた。ネット上では匿名での活動が多いため，他者をどの程度信頼するかによって商品選択行動も異なってくると考えられる。池田（1997），宮田・池田（2001）によれば，発言者の信憑性は，「利用経験者＞専門知識を持つ人＞常連＞……＞メーカー」という順になる。このようにネットコミュニティでは専門知識だけでなく，「実体験」が信憑性や

説得力に大きな影響を与えている。利害関係のない第三者の信憑性を活用した「インフォミディアリ」ビジネスはこのメカニズムを活用している（Hagel Ⅲ & Singer 1999；Palmer, Bailey & Faraj 2000）。

(4) ネットコミュニティとクチコミの情報源特性

ネットコミュニティは情報源として一般にどのような特徴を持つのであろうか。マーケティング・コミュニケーションの効果を分析する際に，情報源の効果をモデル化する考え方がある。Hovland & Weiss（1951）はコミュニケーション実験を基に，「情報源の信憑性（source credibility）」を「専門的な知識があること（専門性）」と「特定の意図がなく，誠実で信頼できること（信頼性）」に分解した。

Rossiter & Percy（1997）はそれをさらに拡張し，情報源の説得効果を「視認性（Visibility）」，「信憑性（Credibility）」，「吸引力（Attraction）」，「パワー（Power）」に分類した（VisCAPモデル）。前述の通り，「正直さや誠実さの評判」である「客観性」が「信憑性」の要素として取り上げられている。また「類似性」が「吸引力」の要素として採用されている。そして，彼らは広告に登場する「プレゼンター」を「タレント」，「専門家」，「有名キャラクター」，「オリジナルキャラクター」の4つに分類し，それぞれごとに情報源の説得効果を分析した（表2-5）。

これらのプレゼンターと比較して，ネットコミュニティの発言者は，視認性や権威は低いものの，客観性は高く，また多くの発言者の中から自分に類似した発言者を選択できるという意味で魅力度も高い。ネットコミュニティの発言者が特定ブランドに関して肯定的な発言をする場合，他のプレゼンターと比べて相対的に説得効果の高い情報源となりうると考えられる。

以上の研究から，クチコミにふさわしいテーマであれば，ネットコミュニティはクチコミの場を提供し，消費者行動に影響を与えると予想される。クチコミ効果が高い情報源の特性は，販売促進意図といった利害関係のない「客観性」と，同じ立場である顧客同士の「類似性」である。しかしネットコミュニティにおいてその特性が効果を発揮するメカニズムは，未だ十分に解明されているとはいえない。

表2-5 プレゼンター特性のVisCAPモデルとネットコミュニティ

プレゼンターの特性	有名タレント	専門家	キャラクター（有名）	キャラクター（オリジナル）	ネットコミュニティ，口コミ
①視認性（知名度）	◎	△	◎	○	△
②信憑性	△	◎	−	−	○
専門性（知識）	△	◎	−	−	○ 参加者には高い専門性を持つ人もいる。
客観性（誠実）	△	◎	−	−	◎
③吸引力，魅力度	◎	△	◎	○	◎
好感度（魅力）	◎	△	◎	○	◎ 自分に合う参加者を選択できる。
類似度（ターゲットユーザーとの）	○	△	○	○	◎ 自分に合う参加者を選択できる。
④パワー（権威）	○	◎	○	△	△

出所：青木（2000），Rossiter & Percy（1997）に追加

2-4-3. ネット・マーケティング

(1) ネット・マーケティングの位置づけ

　第二の視点は，ネットコミュニティはインターネットを中心とする情報ネットワーク上に存在するということである。コンピュータ媒介環境（Computer-Mediated Environment：CME）においては発言者の匿名性が高いがゆえに，情報の信憑性の判断が困難である。発言者は企業側の人間でないという意味で信頼されるが，その発言内容の専門性を判断することは非常に困難であるという特徴がある。

　もともと複数のメディアを有機的に連携させて活用していこうという発想は統合マーケティング・コミュニケーション（IMC）論において検討されて

きた。TV，ラジオ，新聞といったマスメディアでの広告，交通広告，街頭広告，チラシ，ダイレクトメール，店頭のPOP，店員の接客，コールセンターでのヘルプデスク対応，商品パッケージといった，各種の顧客接点はそれぞれにメディア特性からくる長所短所があり，各メディアには特定の役割が与えられてきた（Percy 1997）。ところがインターネットはその多様なメディア特性から，販売チャネルでもあり，広告媒体でもあり，問い合わせのためのヘルプデスクでもあり，クチコミ用の媒体でもあり，企業内のグループウェアでもある。従って，Web，eメール，BBS・掲示板，メーリングリスト，チャット，ブログといったインターネット上のサービスは，マーケティングのあらゆる局面で活用可能なツールである。このように多目的にインターネットを活用するマーケティング手法がeマーケティングであり，すでに各種の実務的提案がなされている（注1）。

　インターネットは既存メディアを広く代替する可能性があるというだけでなく，近年のマーケティング戦略の主流となっているコンセプトにも適合する。そのコンセプトとは，関係性マーケティング，顧客満足度向上，ONE to ONEマーケティング，パーミッション・マーケティング，カスタマー・リレーションシップ・マネジメント（CRM）等である。インターネットの双方向性に着目すれば，顧客と企業が一対一の関係を長期にわたって築いていくための手軽なツールとして活用でき，インターネットが特に重要なメディアとなってきていることがわかる（注2）。

(2) ネット・マーケティングの効果

　インターネットは双方向コミュニケーションに最大の特徴があり，ネットコミュニティに限らず，一般にワントゥワンの推奨を可能とする。Haubl & Trifts（2000）はワントゥワン推奨がネット上で効果があることを実証した（図2-4）。この研究ではホームページ上で「コンパリソン・マトリクス：CM」と「レコメンデーション・エージェント：RA」の2つのサービスの効果を実験で検証している。CMは，ユーザーがWeb上で好きな商品を複数選択すると，各商品特性同士を比較できるようにするツールである。RAは，ユーザーが商品特性の重要度のウエイトを登録すると，システム側で自動的

```
                         ┌─────────────┐
        *** H1           │ 情報探索の量 │         H7 −
                         └─────────────┘
                              ⇓
                    ┌───────────────────┐
         * H2       │ 考慮集合の大きさ  │         H8 ***
                    └───────────────────┘

                         ┌─────────────┐
┌────┐  *** H3           │ 考慮集合の質 │         H9 ***    ┌────┐
│ RA │                   └─────────────┘                    │ CM │
└────┘                        ⇓                             └────┘
                    ┌───────────────────┐
        *** H4      │  最良の製品の選択 │        H10 −
                    └───────────────────┘

                      ┌───────────────┐
        *** H5        │ スイッチングしない │      H11 *
                      └───────────────┘

                           ┌──────┐
         * H6              │ 確信度 │             H12 −
                           └──────┘
                        意思決定の質
```

***：0.1%水準で有意　　　*：5%水準で有意
**：1%水準で有意　　　　−：有意でない

出所：Haubl & Trifts（2000）より作成

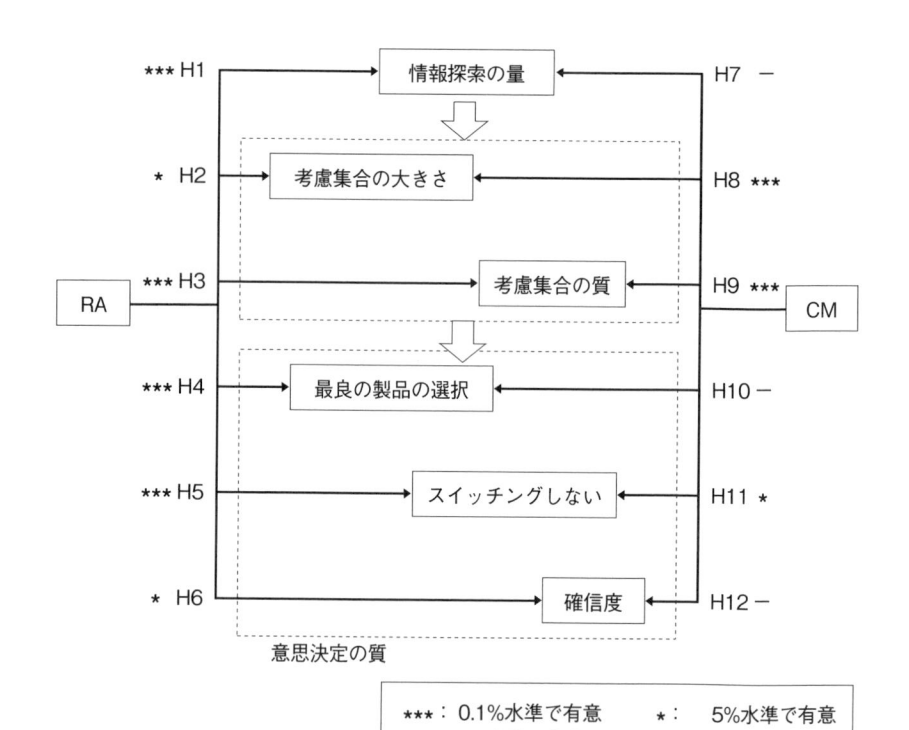

図2-4　レコメンデーション・エージェント（RA）の効果

に商品を効用の高い順にソートして提示してくれるツールである。図2-4に示す通り，この研究ではH1〜H12の12個の仮説があるが，RAにかかわる6個の仮説（H1〜H6）はすべて支持され，CMにかかわる6個の仮説（H7〜H12）は3個しか支持されなかった。RAを使うと，情報探索量が少なく効率的であり，考慮集合の中に最適な商品が入っている確率が高く，結果的に最適商品を選択する確率が高く，選択後にスイッチしにくい。

　ネットコミュニティでの発言は，Q&Aを繰り返すことにより結果的に参加者一人一人の状況に対する推奨の形を取るため，推奨の効果が大きくなる。即ちネットコミュニティでのレコメンデーションは,「個人の異質性」（Rossi & Allenby 2003）を前提としたワントゥワン・レコメンデーションになっているのである。例えば「@コスメ」というサイトでは化粧品に関する話題が

やり取りされている。そこでは参加者の年齢や肌質に適した化粧品ブランドについての推奨が，実体験者から発せられており，こうしたきめ細かな推奨が信頼されている。このようにワントゥワンの推奨は，自分のことを知ってくれていて自分にぴったりの提案であるがゆえに，信頼されて効果があるのである。

今後ワントゥワン・マーケティングは，Web2.0などの技術革新にも後押しされて，より普及していくだろう。しかし一般にワントゥワン・マーケティングにはコストがかかる（Krishnamurthy 2001）。ネットコミュニティを活用すれば，相対的に低コストで，ワントゥワン・コミュニケーションを実現することができると考えられる。こうしてネット・マーケティングの本質の1つであるワントゥワン推奨をネットコミュニティ上で確実に実現していくための方策の検討が必要となる。

2-4-4. ブランド・マーケティング

(1) ネットコミュニティのブランド態度形成効果

第三の視点は，ネットコミュニティにはブランドファンのコミュニティがあるということである。ネットコミュニティの利用には，商品のユーザー評価情報の入手をするというだけでなく，ネットコミュニティでのコミュニケーション自体を楽しむという即自的な目的や（注3），商品の使い方や新商品の提案をするという目的も存在する。その結果，ネットコミュニティ利用者のコミュニティへの帰属意識やメンバー間の共感が生まれ，そのネットコミュニティでテーマとなっているブランドに対する愛着の醸成という強い態度の形成効果も期待できる。

ネットコミュニティは良好なブランド態度形成の効果をもつ可能性があり，そうであれば，ブランドマネージャーにとって有効なツールとなりうる。

(2) ブランド・マーケティングの特徴

ブランドとは，市場において売られているモノやサービスを，買い手である消費者が『特定の事業者によって売られているモノ・サービスだ』と認識することである（Aaker & Joachimsthaler 2000；石井 1999；田中 2000）。

企業レベルで見られるブランド戦略とは，他のマーケティング目標よりも，ブランドの価値を増大させるという目標を優先させてマーケティング活動を計画・実行することであり，長期戦略であるといえる。

ブランドを支える心理的メカニズムは，ブランドに対する共感である。共感を誘発するためには，心理学的には自己とブランドとの類似性が必要である。そのためにはブランドにも「人格」が必要となってくる。Aaker (1997) はブランドパーソナリティを誠意，躍動，有能，洗練，粗野の5つに分類している。

(3) 精緻化見込みモデル

ブランドに対する態度形成を説明する理論として「精緻化見込みモデル (ELM)」(Petty & Cacciopo 1983, 1986) がある（図2-5）。説得的コミュニケーション研究において，参加者の関与と事前知識（能力）によって情報探索行動が異なるという考え方である。ELMでは，消費者の精緻化の動機と製品関与が高く，精緻化の能力と製品知識が高い場合は，企業からのメッセージを精緻化でき，製品の品質や性能といった本質的な情報を手がかりとしてその製品に対する認知的態度が形成され，この態度は強い態度であるとされる（「中心的ルートによる態度形成」）。これに対し，精緻化の見込みが

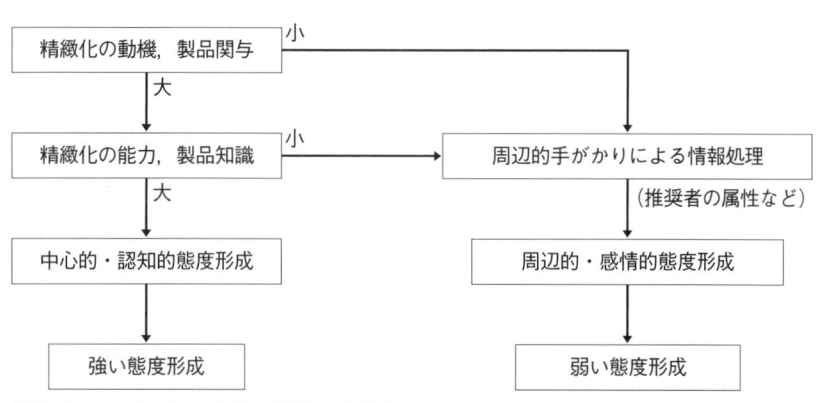

出所：Petty & Cacciopo (1983, 1986) より作成

図2-5 従来の精緻化見込みモデル

小さければ「周辺的ルートによる態度形成」がおこる。後者では企業名や推奨者といった，周辺的で表層的な情報を手がかりとして感情的態度が形成され，一般にその態度形成は弱い。

(4) ブランド・コミュニティ

ブランド態度形成のケーススタディとして，Muniz & O'guinn (2001)の「ブランド・コミュニティ」がある。ブランド・コミュニティとは，特定ブランドファンが集うコミュニティであり，リアルにもバーチャルにもその存在が観察されている。

Muniz & O'guinn (2001) は表2-6のように3つのブランド（サーブ，マッキントッシュ，フォードブロンコ）に関するコミュニティを報告している。

表2-6 ブランド・コミュニティの事例

	シェア	仲間意識		儀式と伝統		倫理的責任	
		正統性	対決するブランド	歴史の賞賛	物語の共有	メンバーの統合と維持	使用の援助
サーブ	低	サーバー	流行でなく	ボルボ GM	ホーン，パッシング	飛行機エンジニア	オデッセイ 命拾い 魔法の洞窟 飛行機の広告 非倫理的GM	サーブをやめたら兄弟への裏切り	壊れたサーブに援助
マッキントッシュ	低	マックピープル	（なし）正統を言う余裕がない	IBM PC/AT	－	2人のスティーブ イノベータ 旧モデル博物館	マックの免疫 爆弾マーク 反体制	マックをやめた人とは仲良くできない	データ修復 メンテ店 ソフト屋
フォードブロンコ	高	－	パワフルエンジン	4DW一般SUV	－	60〜70年代	ブロンコデイ	軽量級SUVへのあざけり	技術情報 良い店 部品店

出所：Muniz & O'guinn (2001) より作成

ブランド・コミュニティには第一に強い仲間意識が見られ，メンバーは自ブランドが対抗ブランドに対して正統性を持っていることを主張する。第二に儀式と伝統が観察され，自ブランドの歴史を賞賛し，その歴史を形成するエピソード，物語がブランド・ファンの間で共有されている。第三に倫理的責任が存在し，対抗ブランドはけなされ，裏切り者は非難され，ファン同士では相互に援助しあう。

ブランド・コミュニティは，強いブランド力を持つブランドのファンの典型的な行動パターンを表している。そのため「仲間意識，儀式と伝統，倫理的責任」という3つの要素は，ブランド態度形成の要因として一般化できると考えられる。

ブランド・マーケティングではブランドに対する「共感」が重要である。精緻化見込みモデルの観点からは，ネットコミュニティでのクチコミ情報という周辺的手がかりによって形成される「共感」は，周辺的・感情的態度であり，相対的に弱く，持続しない態度であると考えられる。しかし実際に存在する「ブランド・コミュニティ」では，かなり強い態度が形成されているように見受けられる。

2-4-5. ネットコミュニティでのブランド態度形成に関する研究課題

ネットコミュニティには3つの側面がある。第一の側面はクチコミであり，その効果は情報の「客観性」と，情報の発信者と受信者の「類似性」である。第二の側面はネット・マーケティングであり，その本質の1つが「ワントゥワン性」である。第三の側面はブランド・マーケティングであり，周辺的手がかりによって形成される「共感」は弱い態度形成とされるが，「ブランド・コミュニティ」では強い態度が形成されている。

従来この3つの分野はそれぞれ別の発展を遂げてきた。ネットコミュニティにはこの3つの側面があるため，3分野の研究成果を活用してブランド態度形成の統合モデルを構築し，ネットコミュニティのブランド態度形成に対する効果を検証することができると考える。

2-5 ネットコミュニティの研究方法

最後にネットコミュニティを対象とした調査方法について検討する。

(1) 観察

社会学や文化人類学では一般に観察を行うことが多い（川端 1998）。ネットコミュニティの場合には，長期にわたる発言ログを観察することが可能であるため，この手法が採用されることが多い。観察結果は定性的レポートにまとめられる（エスノグラフィー等）。特定のケースを取り上げたケーススタディになることが多い（Yin 1994）。

観察結果を定量化していくためには，内容分析が必要となる(Krippendorff 1980)。その場合にはコーディングの客観性を担保しなければならない。ネットワーク分析も観察結果を定量化する手法である(Granovetter 1973, 1982, 1995；安田 1997, 2001)。その手法では，ネットコミュニティ参加者の個人間のソシオグラムを用いる。また，KeyGraph(大澤・ベンソン・谷内田 1999；大澤 2000, 2001)といったモデルにより構造の発見を行う手法もある。

これらの手法を組み合わせて松村・大澤・石塚（2002）は，コメントチェーン，ヒューマンネットワーク，テキストマイニングを活用して，ネットコミュニティの「盛り上がり」に対するコメント，人，語の「媒介影響量」を計測している。この手法によって，ネットコミュニティの管理者もしくは司会者が，そのコメントや語を使って盛り上がりを演出することができる。また特定の人（オピニオンリーダー）を抽出して別途アプローチし，盛り上げを依頼することができる。さらに，ネットコミュニティ以外のリアルチャネルでのオピニオンリーダーとして期待し，その人に個別に情報提供するという使い方ができる。

(2) ヒアリング

調査者が対象に直接関与すると，ヒアリングになる。観察だけでは疑問が解消しない場合，直接ヒアリングすることが有効である。またヒアリング

は，アンケートや実験の際の仮説を設定するために事前調査として行うこともある。特に代表的なヒアリング法としては，表面に見える事象についての質問だけでなく，その背後にある抽象的な「目的」であるベネフィットや価値観についても遡って分析を行う「ラダリング法」がある（栗木 2001；Laaksonen 1994；丸岡 1998）。ネットコミュニティへの参加の目的を，より本質的な目的にまで遡って分析する場合には有効であろう。

(3) アンケート

観察では対象者の心理的メカニズムが不明であり，またヒアリングでは調査結果の定量的評価が困難である。一方，それらとは異なりアンケートにより得られたデータを用いることで，人々の行動を説明する心理的な背景構造に関するメカニズムを定量的に評価できる。アンケート項目の妥当性や信頼性を担保するためには，先行研究で提案されている尺度を活用することが有効である（Bearden, Netemeyer & Mobley 1993）。

(4) 実験

条件を統制した厳密な仮説検証が必要な場合には実験が必要となる。実験は特に，心理学的手法の中心である（南風原・市川・下山 2001）。そこでは，実験計画法に基づく条件統制を行う。ネットコミュニティに関しても，BBSをネット上に構築してアクセスしてもらう実験が試みられている（井上 2001a；丹野 1999）。アンケートやヒアリングによるリアリティのある回答が得られない場合には，実験は有効な手法となる。しかし逆にリアリティのない状況をつくりかねないため，注意が必要である。

実験の際に，どのような情報に注目しているかを把握する手法としてプロトコール法がある（阿部 1981）。これはデシジョンネットと情報モニタリング法の2つにわかれる。前者では情報探索行動を時系列で分析する。後者では商品×商品特性のマトリクスのどのセルに注目するかを調査する。

(5) シミュレーション

人工社会を活用したシミュレーションも，ネットコミュニティの分析に利

用できる。社会の存続やメンバーの存続の条件について，その構造を明らかにすることができる。

　南（1998）には，遺伝的アルゴリズムを活用した人工社会のシミュレーションによって，他人の話をよく聞く，違う意見を持つ人とでも議論を行う，といった協調性のある人がネットワークリーダーとして生き残る，といったことが示されている。山本・石田・太田（2003）は，消費者間オンライン取引における評判管理システムの分析を行っており，エージェントベース・アプローチにより，ネガティブ評価システムよりもポジティブ評価システムの方が市場参加者が増加しやすく，非協調戦略よりも協調戦略の方がネットコミュニティの維持には優れている，としている。

(6) 本研究における研究方法

　従来のネットコミュニティの分析手法の中心は，観察とシミュレーションであった。その結果，ネットコミュニティを盛り上げるためのコメント，人，語の条件が分析されてきた。しかし本研究の目的は企業のブランド・マーケティング担当者がネットコミュニティをマーケティング・コミュニケーションのツールとして活用するための方法の開発であり，ネットコミュニティ全体を盛り上げることだけが目的ではない。

　また従来の研究では，ネットコミュニティの司会者によるマニュアル（手動）でのコントロールを前提としている。しかし本研究では，司会者の手間をかけずに低コストでネットコミュニティの品質を向上・維持させることを目的としている。よって従来の観察とシミュレーションという研究手法の結果提案された「盛り上げ」のための条件が，マニュアルでのコントロールを前提としている限り不十分である。

　本研究では以上の2つの理由で，ネットコミュニティの発言ログの分析やシミュレーションといった手法は採用しない。本研究では著名なネットコミュニティの観察により，マーケティング・コミュニケーションのツールとしてネットコミュニティを有効活用するための仮説を構築し，それをアンケート結果によって実証するという手法を採用する。さらに実験による検証が考えられるが，今後の課題としたい。

2-6 本研究における主要研究課題

　ネットコミュニティをマーケティング・コミュニケーション・ツールとして活用するためには，情報の受け手，チャネル，メッセージ内容，情報源の4つの条件の検討が必要である。そのため本章では，ネットコミュニティ参加の要因，ネットコミュニティの知覚品質とその構造，ネットコミュニティのブランド態度形成効果，の3つのテーマに関する先行研究を検討してきた（表2-7）。

表2-7　ネットコミュニティの研究課題

	問題意識	マーケティングコミュニケーションとしての要件	研究課題	被説明変数
第3章 研究Ⅰ	●発言の促進	●受け手	ネットコミュニティ参加の要因	●参加（発言）
第4章 研究Ⅱ	●信憑性 ●場に対する満足	●チャネル ●情報源	ネットコミュニティの知覚品質とその構造	●知覚品質 ●満足
第5章 研究Ⅲ	●形成された態度の強さ	●メッセージ内容 ●情報源	ネットコミュニティのブランド態度形成効果	●ブランド態度形成 ●購入意図，推奨意図

2-6-1. ネットコミュニティ参加の要因

　ネットコミュニティは，単なる情報チャネルではなく，コミュニティの一種であり，ネットコミュニティへの参加には集団への何らかの貢献を伴う。この貢献によって普遍的な価値が実現する。よって条件が整えば発言するはずであるが，現実に発言する人としない人が存在する。その理由を体系的に検討した先行研究はない。

　本研究の第一の研究課題は，ネットコミュニティにアクセスした人が発言をするための，ネットコミュニティ品質などの条件の特定化である。より具

体的に，ここでは，ネットコミュニティ参加（発言）者の個人差要因を分析することで，行動の規定要因を分析し，ネットコミュニティへの参加を促進する方策を検討する。

2-6-2. ネットコミュニティの知覚品質とその構造

　ネットコミュニティ存続のためには，ネットコミュニティ品質の維持・向上が必要であり，そのために司会者による運営上の工夫がある。しかしそのままでは運営にコストがかかりすぎ，現実的ではない。そこでネットコミュニティの設計段階から活性化のメカニズムをビルトインする方法として，「ルールとツール」という考え方がつくり出されてきた。しかし，もともとネットコミュニティが企業と対抗する存在としてポジショニングされてきた歴史があるため，ネットコミュニティの運営方法に関する実証研究はない。

　本研究の第二の研究課題は，ネットコミュニティの知覚品質とその規定構造を明らかにすることである。より具体的にここでは，ネットコミュニティの知覚品質を特定化し，場の満足度の維持・向上に効果のある具体的な方策を検討する。

2-6-3. ネットコミュニティのブランド態度形成効果

　マーケティング・コミュニケーションのツールとしてのネットコミュニティには，クチコミ，ネット・マーケティング，ブランド・マーケティングの3つの側面がある。クチコミ情報には「客観性」があり，発言を読む人との「類似性」の認知があるために，ブランド態度形成に対して効果的である。インターネットの本質的特長は双方向性であり，「ワントゥワン」でのアドバイスが可能であるがゆえにブランド態度形成に対して効果的である。ブランド・マーケティングにおいてはブランドに対する「共感」から「強い態度の形成」が可能である。従来はこの3つの分野はそれぞれ別の発展を遂げてきたが，ネットコミュニティによって3分野の効果を統合することができると考える。

　本研究の第三の研究課題は，ブランド態度形成の統合モデルの構築である。ブランド態度形成の統合モデルを構築し，購入意図や他人推奨意図を高める方策を検討することである。

(注1) eマーケティングに関しては,1990年代後半から国内外において研究が盛んである。そもそもはEC（電子商取引）の受発注と決済のツールとしてインターネットをいかに活用するか,が主なテーマであった。その後は商取引のメディアに限らず,マーケティング・コミュニケーションのツールとしてインターネットを活用するという用途の広がりを見せている。当該分野の主な先行研究は以下の通りである。Achrol & Kotler 1999, Alba, Lynch, Weitz, Janiszewski, Luts, Sawyer & Wood 1997, Hanson 2000, Hoffman, Novak & Chatterjee 1995, Hoffman & Novak 1996, Peterson 1997, Pottruck & Pearce 2000, Shapiro&Varian 1998, 井上 2001b, 北原 1997, 日戸 2001, 日本マーケティング協会 2000, 南 1999, 2001.

(注2) CRM（カスタマー・リレーションシップ・マネジメント）の実現のためにはIT（情報技術）の活用が欠かせない。特に相対的に安価なインターネットの活用が注目されてきた。当該分野に関する主要な研究として以下があげられる。Brown 2000, Curry & Curry 2000, Godin 1999, 2000, Greenberg 2001, Peppers & Rogers 1993, Rust, Zeithaml&Lemon 2000, Swift 2001, 石井・嶋口 1995, 嶋口 1994, 嶋口・竹内・片平・石井 1998, 中川・日戸・宮本 2001, 中島・袖山 2001.

(注3) 即自的（consummatory）ないし表出的（expressive）行為とは,「行為それ自体に満足ないし価値実現を求める行為」である。一方手段的（instrumental）行為とは,「目標達成のための手段として行われる行為」である。構造・機能主義社会学においては,すべての行為はこの2つに分類できるとする（村上・公文・佐藤 1979）。Bickart & Schindler（2001）はネット・フォーラムの3要素として信頼できること,自分に合った情報がワントゥワンで得られることに加えて,参加者に共感できること,をあげている。前二者が手段性に相当し,後者の共感が即自性に相当する。宮田（1997）もネットコミュニティにおけるコンサマトリー性のコミュニケーションを指摘している。

第3章
ネットコミュニティ参加の
メカニズム

3-1 ネットコミュニティ参加を左右する要因

　本章ではネットコミュニティにアクセスした人が発言をするための，ネットコミュニティ品質などの条件の特定化を行う。具体的には，消費者のネットコミュニティでの参加（発言）行動について，発言の有無と発言頻度を説明する仮説モデルを構築し，実証分析を通じてその規定要因を明らかにする。
　ネットコミュニティにアクセスする人は，黙って他人の書き込みを読んでいて発言を行わないROM（Read-Only Member）と，未知の他人の前で発言するRAM（Radical Access Member）とに分類される（池田 1997；小川・佐々木・津田・吉松・國領 2003）。しかしネットコミュニティはROMだけでは成り立たず，ネットコミュニティに参加し，積極的に書き込み（発言）をする人がいなければ情報が増えない。また発言者はサイトロイヤリティが高く，ネットコミュニティでテーマとなっている商品の購買回数・購買個数・購買金額が高いとの研究成果もある（山本 2005）。さらに企業側から見ると，ネットコミュニティは消費者の声の収集をする場としても活用できるため，発言をしてもらうことは重要である。質問の形で発言があれば，さらに的確

な情報をワントゥワンで提供することもできる。このように，ネットコミュニティを活用しようとする企業人としては，ネットコミュニティに参加して発言してくれる人を増やすという戦略は有効である（注1）。

さらに本研究では，発言の有無だけでなく，従来は検討されてこなかった発言頻度についても分析する。なぜならば，ある程度高頻度に大量の発言がなければ，ネットコミュニティ運営上は効果的でないからである。

以上の問題意識から，ネットコミュニティでの発言経験と発言頻度の規定要因に関する実証分析を行い，ネットコミュニティへの参加促進方策について検討することが本章の目的である。ここでネットコミュニティへの参加とは，定期的に他人の発言を読み，かつ発言（書き込み）をすることであると定義する。

3-2 利用能力，性格，利用目的，知覚品質

ネットコミュニティ参加にかかわる先行研究を踏まえ，ネットコミュニティでの発言経験と発言量を規定する要因に関する仮説の構築を行う。

近年のネットコミュニティへの参加の要因に関する主要な研究成果は表3-1のとおりである。説明変数はおおよそ4分野に分類できる。ネットコミュニティ利用能力，ネットコミュニティ利用目的，ネットコミュニティの知覚品質，ネットコミュニティ参加者の性格，である。分野ごとに先行研究を検討し，本研究における仮説を設定する。

3-2-1. ネットコミュニティ利用能力

ネットコミュニティはマス広告のようなpush型メディアではなく，自分からアクセスしてはじめてコミュニケーションが可能となるpull型メディアである。ネットコミュニティが注目されるようになったのは比較的最近であるため，どのような使い方をするものであるかを経験して理解している人が相対的に少なく，ネットコミュニティを活用するにはスキルが必要であると

第3章 ネットコミュニティ参加のメカニズム

表3-1 ネットコミュニティ参加にかかわる先行研究

	被説明変数,分析目的	分析方法	説明変数			
			ネットコミュニティ利用能力	ネットコミュニティ参加者の性格（外向性,協調性）	ネットコミュニティ利用目的（即自的,創造的）	ネットコミュニティ知覚品質（発言,楽しさ,提案）
池田(1997)	ネットコミュニティ発言	二項ロジット分析	●ネットコミュニティでのコミュニケーション能力（通信スキル）	●オピニオンリーダー度		●匿名性嫌悪（−） ●アイデンティティ（コミュニティ関与）
川浦(1998)	ネットコミュニティ発言	ケーススタディ	●ROMから発言者を経て長老へと成長			
篠原・三浦(1999)	ネットコミュニティ参加度（発言）	平均値の差の検定(t検定)		●コミュニケーション能力 ●対人ストレス対処能力		
Kim(2000)	ネットコミュニティ発言	ケーススタディ	●新入りから古株への成長			●初心者保護の工夫
宮田(2000)	ネットコミュニティ参考度	重回帰分析				●過去の満足度
金森・木村(2003)	ネットコミュニティ行動種類	ケーススタディ			●手段的 ●即自的 ●創造的	
山本(2005)	ネットコミュニティ情報を参考にした購買行動	共分散構造分析			●購買前後サーチ ●プロモーション応募 ●コンサマトリー性 ●商品開発	●サイトロイヤリティ（コミュニティ関与）

考えられる。

　川浦（1998）やKim（2000）は，ネットコミュニティにアクセスした人がROMから発言者を経て，次第に長老に成長していくというメカニズムが存在することを，ケーススタディから報告している。また池田（1997）は実証分析により，「通信スキル」というコミュニケーション能力がネットコミュニティ発言を規定するとしている。ここで通信スキルが高いということは，「パソコン通信システム」における「オートパイロット」（事前に指定した情報を自動的に自分のパソコンに取り込むサービス）や，「エキスパートモード」（操作メニューを選択するのではなく直接コマンドを打ち込んで操作するモード）の使用率が高いことを意味している。

　本研究では，これらの変数は共通してネットコミュニティ利用能力をあらわす変数であると考える。ネットコミュニティ利用能力を，川浦（1998），Kim（2000），池田（1997）の先行研究に基づいて，ネットコミュニティ利用経験の豊富さを背景とした通信スキルと定義し，以下の仮説を設定する。

　なお本研究では前述の通り，被説明変数として「発言の有無」と「発言頻度」の2つを採用する。後述する仮説2-7，2-8においては，発言頻度のみ採用することとする。

H1-1：ネットコミュニティ利用能力が高いほど，ネットコミュニティで発言する。

H2-1：ネットコミュニティ利用能力が高いほど，ネットコミュニティでの発言頻度が高い。

3-2-2. ネットコミュニティ参加者の性格

　ネットコミュニティでは匿名の相手との会話が必要であり，一般に引っ込み思案の人には使いにくいメディアであると考えられる。篠原・三浦（1999）は実証研究により，ネットコミュニティでの発言を促進する要因として，コミュニケーション能力，対人ストレス対処能力の2つをあげている。また池田（1997）はオピニオンリーダー度がネットコミュニティでの発言の有無に有意な影響を与えているとしている（注2）。

　これらの変数は，個人の性格であると考えられる。このようにネットコミ

ュニティの発言者は，対人コミュニケーション能力の背景となる外向性，協調性といった性格を備えていると考えられるため，以下の仮説を設定する。

H1-2：外向性が高いほど，ネットコミュニティで発言する。
H1-3：協調性が高いほど，ネットコミュニティで発言する。
H2-2：外向性が高いほど，ネットコミュニティでの発言頻度が高い。
H2-3：協調性が高いほど，ネットコミュニティでの発言頻度が高い。

3-2-3. ネットコミュニティ利用目的

　消費者にとって，ネットコミュニティにアクセスする目的は様々である。一般にネットコミュニティの利用目的としては，自分で商品選択をするための商品評価情報の入手を目的とする「手段的」な情報収集だけでなく，ネットコミュニティでのコミュニケーション自体を楽しむという「即自的」な利用や，ネットコミュニティに参加する消費者による商品開発といった「創造的」利用も存在する（金森・木村 2003）。山本（2005）でも消費者のネットコミュニティ利用目的として，①購買前後サーチ，②プロモーション応募，③コンサマトリー性，④商品開発をあげている。①②は手段的利用であり，③は即自的利用，④は創造的利用である。

　消費者の利用目的と発言には密接な関係があると考える。具体的には，手段的利用であればROMでもかまわないが，一方で，即自的利用や創造的利用であれば発言確率や発言頻度が高くなると考え，以下のように仮説を設定する。

H1-4：ネットコミュニティ利用目的が即自的であるほど，ネットコミュニティで発言する。
H1-5：ネットコミュニティ利用目的が創造的であるほど，ネットコミュニティで発言する。
H2-4：ネットコミュニティ利用目的が即自的であるほど，ネットコミュニティでの発言頻度が高い。
H2-5：ネットコミュニティ利用目的が創造的であるほど，ネットコミュニティでの発言頻度が高い。

3-2-4. ネットコミュニティ知覚品質

4つめの問題意識は，ネットコミュニティのコミュニケーションの場としての知覚品質によって，ネットコミュニティでの発言量が異なる，というものである。

ネットコミュニティでは抑制の効かない喧嘩が頻発するといわれる (Kiesler *et al.* 1984)。このような場では，初心者はバッシングを恐れて発言しにくい。Kim（2000）はネットコミュニティ運営には初心者保護の工夫が欠かせないとしている。宮田（2000）は利用頻度の高いネットコミュニティの特徴として，書き込みルールの遵守が見られるとしている。このようにネットコミュニティの手段的利用を想定した場合，初心者にとっても質問などの発言がしやすいというネットコミュニティの知覚品質は重要である。

また宮田（2000）には，ネットコミュニティでの過去経験の満足度がネットコミュニティ参加を規定することが示されている。これは，過去にネットコミュニティで楽しい経験をして満足できた場合，再度ネットコミュニティにおいて発言しようという意欲がわくためと考えられる。この場合の発言はネットコミュニティの即自的利用を前提としている。

さらに池田（1997）には，ネットコミュニティの匿名性が高い場合には発言が少なくなり，ネットコミュニティに対するアイデンティティ（コミュニティ関与）が高い場合には発言が多くなることが示されている。山本（2005）にも，発言者はサイトロイヤリティ（コミュニティ関与）が高い場合に，ネットコミュニティ情報を参考にした購買行動が多くなるという知見が示されている。これらの知見が得られる背景としては，ネットコミュニティに対する関与が高い場合，参加しているメンバーのために積極的に商品の新しい使い方提案をしていくという意欲がわき，発言が増えるためであると考えられる。これはネットコミュニティの創造的利用の場合に当てはまる。

これら先行研究にも示されているように，ネットコミュニティの場自体の特徴が，発言行動を規定していると考えられる。それは客観的な特徴である場合もあるが，多くはネットコミュニティにアクセスしてくる人の「思い込み」であり，主観的な，知覚された品質である。このような知覚品質が，ネットコミュニティでの発言に大きな影響を与えている，ということが本小節

で提示する仮説になる。本研究ではネットコミュニティの発言にかかわる品質として，ネットコミュニティの手段的，即自的，創造的利用に対応させ，質問のしやすさ，楽しい発言のしやすさ，提案のしやすさといったコミュニケーションの場としての品質を，ネットコミュニティの知覚品質とする。

H1-6：ネットコミュニティの知覚品質が高いほど，ネットコミュニティで発言する。

H2-6：ネットコミュニティの知覚品質が高いほど，ネットコミュニティでの発言頻度が高い。

3-2-5. 発言者分類

ネットコミュニティの利用目的は前述の通り，手段的，即自的，創造的の3つに分類できる（金森・木村 2003；山本 2005）。手段的な利用の場合，発言は，情報が必要な時あるいは回答を求められた時になされるため，相対的に発言頻度は低いと考えられる。それに対し，即自的・創造的利用の場合は，楽しみながらの会話やスパイラルな提案発言が多いため，そもそも発言頻度のベースが高いと考えられる。その両者でも，創造的利用の発言頻度は，即自的利用の発言頻度よりも高いと考えられる。

発言をしない「ROM」，手段的利用のための質問や回答を行う「質問・回答者」に対して，商品の使い方の提案や新商品アイデアの提案といった内容の提案発言を行う発言者を「提案者」と呼ぶことにする。H2-5，2-6で利用目的と知覚品質にかかわる仮説を提示したが，「提案者」である場合にはネットコミュニティの利用目的が創造的である程度や，創造的利用目的にかかわるネットコミュニティの知覚品質の高さが，発言頻度に与える影響力がより強いと考えられるため，以下のように仮説を設定する。

H2-7：提案者であるほど，利用目的が創造的である程度が，発言頻度に与える影響が強い。

H2-8：提案者であるほど，創造的利用目的にかかわる知覚品質の高さが，発言頻度に与える影響が強い。

これらの仮説を図で表現すると図3-1のようなモデルとなる。

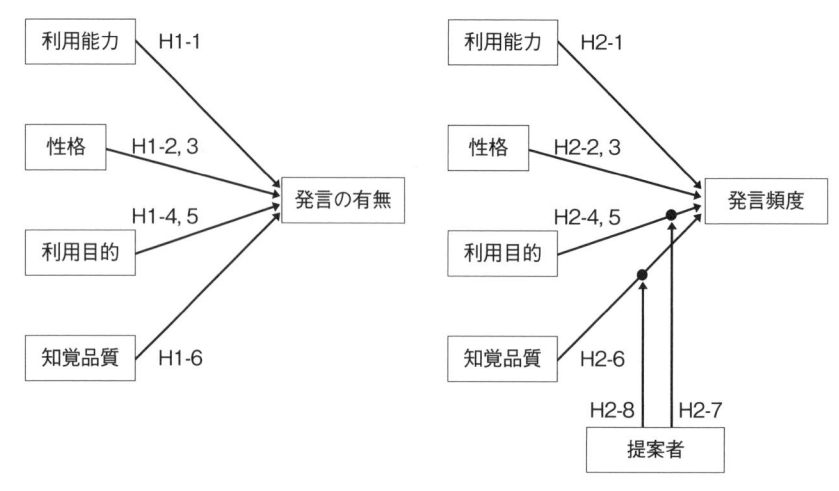

図3-1　ネットコミュニティの発言にかかわるモデル

3-3　分析の方法

3-3-1. 調査方法

　2003年2月にWebによるアンケート調査を実施した。ビデオリサーチ社のインターネット調査パネル（注3）より，インターネットユーザーの中から，性・年齢でサンプルの割りつけをして層化二段階抽出を行った。すなわち男女それぞれ15～19歳の層に10%程度のサンプルを，20～49歳までのそれぞれ5歳刻みの層に15%程度のサンプルを割りつけた。対象サンプルに対してWebによるアンケートを実施した結果，1,000サンプル程度が集まった段階で調査終了とした。有効回答は1,079サンプルである。

3-3-2. 変数と尺度

　目的変数は発言経験の有無と発言頻度である。ネットコミュニティでの発言経験の有無については，(a) 他のメンバーに対する質問，(b) 他のメンバーの質問に対する回答，(c) 困っているメンバーへのアドバイス，(d)

商品の使い方に関する提案,(e) 新商品アイデアの提案の5種類の発言のいずれかをしたことがある場合に「1.ある」,いずれも発言をしたことがない場合に「0.ない」という2値をとる。

発言頻度については,上記 (a) 〜 (e) の5種類の発言ごとに「よく発言する」,「ときどき発言する」,「たまに発言する」,「発言したことはある」,「発言したことはない」の5段階尺度に5〜1の値を与え,その合計値を(最大25,最小5)を発言頻度の値とする(表3-2)。

説明変数としては,ネットコミュニティ利用能力,性格(外向性,協調性),ネットコミュニティ利用目的(即自的,創造的),ネットコミュニティ知覚品質(発言,楽しさ,提案)である。

ネットコミュニティ利用能力についてはRheingold(1993)や池田(1997)を参考に,「ネットコミュニティ使用方法理解度」(「知っている」〜「知らない」の5段階尺度)を採用する。

ネットコミュニティ参加者の性格については,村上・村上(1997)の「主要5因子性格特性」を取り上げる。外向性,協調性,勤勉性,情緒安定性,知性の5つの因子から構成されている。特に外向性,協調性が発言と関係の深い性格であると考える。予備的検討を踏まえ,外向性の尺度として「地味でめだたない(逆転項目)」,協調性の尺度として「人情があつい」を採用する。いずれも「あてはまる」〜「あてはまらない」の5段階尺度とした。

表3-2 発言頻度の尺度

	よく発言する	ときどき発言する	たまに発言する	発言したことはある	発言したことはない
a) 他のメンバーに対する質問	5	4	3	2	1
b) 他のメンバーの質問に対する回答	5	4	3	2	1
c) 困っているメンバーに対するアドバイス	5	4	3	2	1
d) 商品の使い方に関する提案	5	4	3	2	1
e) 新商品アイディアの提案	5	4	3	2	1

ネットコミュニティ利用目的としては金森・木村（2003）や山本（2005）を参考に，予備的検討を踏まえ，即自性として「特定のメンバーと連絡をとりあうため」という項目を，創造性として「仲間と一緒に企画したり，なにかをつくりあげたりするため」，「初心者に自分の持っている知識を伝えるため」の2項目を採用する。初心者への知識伝達は，コミュニティメンバーが一体となって企画・創造する場合に必要となる発言であり，手段的目的や即自的目的の場合には不要である。いずれも「よくある」〜「ほとんどない」の5段階尺度で測定する。

知覚されたネットコミュニティ品質には手段性，即自性，創造性の3つの目的から評価される品質がある。これらについても予備的検討を踏まえ，以下のように設定する。手段的目的での発言にかかわる知覚品質は，Kim（2000）や宮田（2000）のいう初心者保護が行き届いている状態であるため，「ネットコミュニティで発言するのは恥ずかしい」を逆転させて使用する。「そう思う」〜「そう思わない」の5段階尺度である。即自的目的での発言にかかわる知覚品質は，宮田（2000）の「過去の満足度」を参考に，「ネットコミュニティでの今までの楽しい経験の頻度」を使用する。「よくある」〜「ほとんどない」の5段階尺度である。創造的目的での発言にかかわる知覚品質は，池田（1997）や山本（2005）の「コミュニティ関与」を参考に，「ネットコミュニティでは自分にぴったりあったアドバイスがもらえる」を使用する。「そう思う」〜「そう思わない」の5段階尺度である。

提案者については，上述の「あなたはネットコミュニティで以下のような発言をどの程度しますか」という質問に対応して，特に（d）商品の使い方に関する提案，（e）新商品アイデアの提案を行う発言者を「提案者」とする。なお提案者の操作的定義については，3-4-2の発言者分類の検討において後述する。

以上の説明変数をまとめると表3-3のようになる。

表3-3　分析に用いた説明変数

分野	項目
利用能力	x_1： ネットコミュニティ使用方法理解
性格・外向性	x_2： 地味でめだたない（逆転項目）
性格・協調性	x_3： 人情があつい
目的・即自	x_4： 特定のメンバーと連絡
目的・創造	x_5： 初心者に知識伝達
目的・創造	x_6： 企画・創造
品質・発言（手段性）	x_7： 発言恥ずかしい（−）
品質・楽しさ（即自性）	x_8： 楽しい経験
品質・使い方提案（創造性）	x_9： 自分にあったアドバイス
提案者	dmy： 使い方提案，新商品提案

3-4　分析結果：発言の有無と発言頻度

3-4-1. サンプルの概要

　今回の調査対象者であるネットユーザーの65%がネットコミュニティを見た経験があり，そのうちネットコミュニティの情報を参考にして商品・サービスを購入したり使用したりする人が73%，発言（質問）経験のある人が79%であった（注4）。

　ネットコミュニティを参考にして購入した商品の商品分野は，男性における「PCハード，ソフト」，女性における「化粧品」が突出しているが，それは特定の人気サイトが存在しているためであり，その他の商品分野についてもまんべんなくネットコミュニティが利用されていることがわかった（図3-2）。「最も近い時点で参考にしたネットコミュニティ」の名称を自由記入で回答してもらったところ，344サンプル中，176件の回答があった。2件以上の記載があったサイトとしては，価格.com，2ちゃんねる，@COSME,

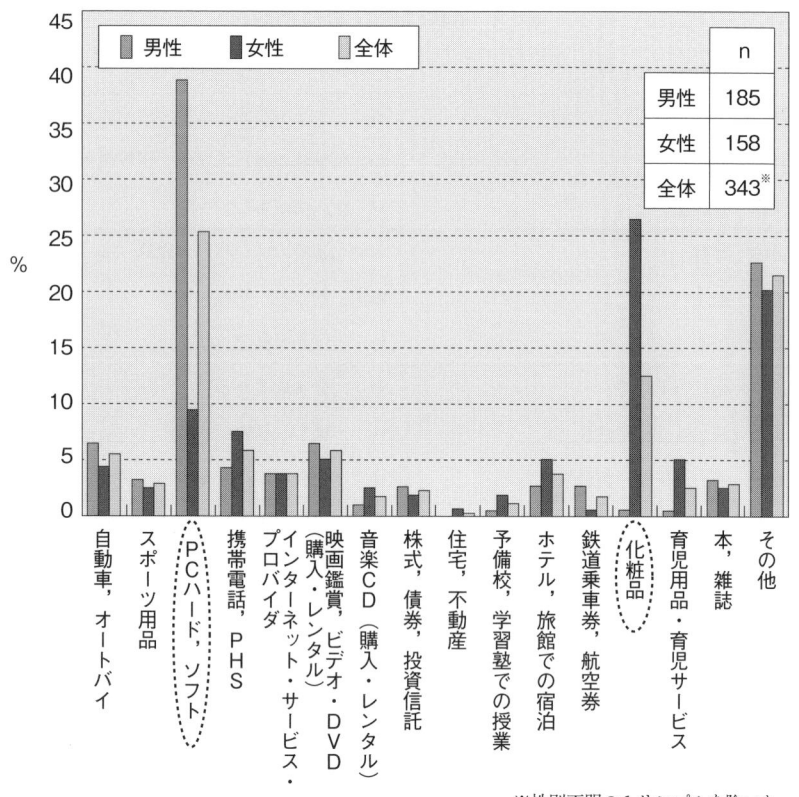

図3-2 ネットコミュニティの情報を参考にして購買・消費した商品

※性別不明の1サンプルを除いた。

Yahoo!といったサイトが上位にあげられているに過ぎない。このようにインターネット上でのサービスに共通する特徴であるが，アクセスされているネットコミュニティの集中度は低く，多様なコミュニティサイトが利用されていることがわかる。

3-4-2. 発言者分類

本研究で想定する発言内容の種類は，経験的に質問，回答，アドバイス，商品の使い方提案，新商品アイデア提案の5つである。仮説2-7に示したように，本研究では「ROM」，「質問・回答者」，「提案者」の3分類を前提と

表3-4　発言クラスター別の各種発言の経験率

(%)

		n	質問	回答	アドバイス	使い方提案	新商品提案
ROM		147	20	12	4	3	5
発言者	質問・回答者	289	97	98	90	30	0
	提案者	195	96	99	95	94	100
合計		631	79	78	71	45	32

注：網掛けのセルは経験率90%以上。

している。「ROM」は5種の発言のいずれについてもほとんどしない人であるとすることができる。しかし「質問・回答者」と「提案者」を分ける基準をどの種類の発言量によるべきか，演繹的に特定することは困難である。そのため上記5種の発言種類ごとの発言頻度のデータを基に，ユークリッド距離を用いて「ROM」，「質問・回答者」，「提案者」の3クラスターを抽出する非階層的なクラスター分析を行った。SPSS V11.0.1Jの「大規模ファイルのクラスター分析」であり，アルゴリズムはk平均法である。その結果，表3-4の3クラスターが抽出できた。各クラスターの発言傾向を見ると，5種類の発言には階層性があることが発見された。すべての発言の経験がほとんどないクラスターを「ROM」とよぶことにする。質問，回答，アドバイスの3つの経験があるクラスターを「質問・回答者」，すべての発言の経験があるクラスターを「提案者」と呼ぶことにする（注5）。

3-4-3. 発言の有無の規定要因に関する分析

アクセス経験のある631サンプルにつき，ROMと発言者を判別するためにロジスティック回帰分析を行った。

モデル式は下記の通りである。

$$P(\text{Talk} = 1) = \frac{\exp(u)}{1 + \exp(u)}$$

$u = C + a_1 x_1 + a_2 x_2 + a_3 x_3 + a_4 x_4 + a_5 x_5 + a_6 x_6 + a_7 x_7 + a_8 x_8 + a_9 x_9$

Talk：発言の有無
C：定数
x_1：ネットコミュニティ使用方法理解
x_2：地味でめだたない（逆転項目）
x_3：人情があつい
x_4：特定のメンバーと連絡
x_5：初心者に知識伝達
x_6：企画・創造
x_7：発言恥ずかしい
x_8：楽しい経験
x_9：自分にあったアドバイス

　その結果を表3-5に示す（注6）。正分類率はROMで56%と低いが，発言者で94%であり，全体では85%となっている。なお表中の網掛け部分は，有意確率10%水準の項目である。

表3-5　発言の有無を説明するロジスティック回帰分析結果

分野	項目	係数B	有意確率	Exp (B)
利用能力	x_1：ネットコミュニティ使用方法理解	0.59	0.00	1.81
性格・外向性	x_2：地味でめだたない（逆転項目）	−0.06	0.66	0.95
性格・協調性	x_3：人情があつい	0.28	0.06	1.33
目的・即自	x_4：特定のメンバーと連絡	0.32	0.01	1.38
目的・創造	x_5：初心者に知識伝達	0.26	0.15	1.30
目的・創造	x_6：企画・創造	0.40	0.04	1.49
品質・発言（手段性）	x_7：発言恥ずかしい（−）	−0.72	0.00	0.49
品質・楽しさ（即自性）	x_8：楽しい経験	0.65	0.00	1.91
品質・使い方提案（創造性）	x_9：自分にあったアドバイス	0.14	0.41	1.15
(定数)		−4.58	0.00	0.01

注：正分類率は，ROM56％，発言者94％，全体85％。

　有意な観測変数は6項目であった。
　ネットコミュニティの使用方法理解度は，有意確率0.00で有意で，オッズ比は1.81であり，**仮説H1-1「ネットコミュニティ利用能力が高いほど，ネ**

ットコミュニティで発言する」は支持された。

　性格については,「外向性」の有意確率は0.66であり有意でない。「協調性」の有意確率は0.06で有意で,オッズ比は1.33である。ネットコミュニティでの発言は,1対1のコミュニケーションではなく,コミュニティという集団での1対多のコミュニケーションである。よって単に外交的であるだけでは発言できず,集団の中で適切に発言できる協調性が必要となると考えられる。このように,**仮説H1-2「外向性が高いほど,ネットコミュニティで発言する」は棄却され,仮説H1-3「協調性が高いほど,ネットコミュニティで発言する」は支持される**という結果になった。

　利用目的については,「即自性」の有意確率は0.01であり有意で,オッズ比は1.38である。**仮説H1-4「ネットコミュニティ利用目的が即自的であるほど,ネットコミュニティで発言する」は支持**された。「創造性」については,「企画・創造」では有意確率0.04で有意であり,オッズ比は1.49であるが,「初心者に知識伝達」では有意確率0.15で有意でない。**仮説H1-5「ネットコミュニティ利用目的が創造的であるほど,ネットコミュニティで発言する」は部分的に支持**された。創造的目的でのネットコミュニティ利用の場合,「企画・創造」は目的そのものである。一方,「初心者に知識伝達」はそのための手段であり,推定結果は当該変数の発言の有無への影響度が相対的に小さいことを示唆している。

　知覚品質については,手段性にかかわる「恥ずかしくない」(有意確率は0.00で有意,オッズ比は0.49で,逆数を取ると2.05となり最大),即自性にかかわる「楽しい経験ができる」(有意確率は0.00で有意,オッズ比は1.91で第2位)は有意である。しかし,創造性にかかわる「使い方提案のアドバイスが多い」の有意確率は0.41で有意でない。提案などのアドバイスが多い場であるということは,その背後に何らかの理由があって結果的にその状況になっているのであり,場の品質として発言の有無を規定するわけではないようである。このように**仮説H1-6「ネットコミュニティの知覚品質が高いほど,ネットコミュニティで発言する」は部分的に支持**された。

3-4-4. 発言頻度の規定要因に関する分析

次に,発言者484サンプルにつき,発言頻度を説明する重回帰分析を行った。式は下記の通りである。

$$\ln \text{Freq} = C + a_1 \ln x_1 + a_2 \ln x_2 + a_3 \ln x_3 + a_4 \ln x_4 + (a_5 + a_{10}d)\ln x_5$$
$$+ (a_6 + a_{11}d)\ln x_6 + a_7 \ln x_7 + a_8 \ln x_8 + (a_9 + a_{12}d)\ln x_9$$

Freq：発言頻度
C：定数
x_1：ネットコミュニティ使用方法理解
x_2：地味でめだたない（逆転項目）
x_3：人情があつい
x_4：特定のメンバーと連絡
x_5：初心者に知識伝達
x_6：企画・創造
x_7：発言恥ずかしい
x_8：楽しい経験
x_9：自分にあったアドバイス
d：提案者ダミー

その結果を表3-6に示す。R^2は0.52である。なお表中の網掛け部分は,有意な変数である。

ネットコミュニティの使用方法理解度のt値は3.73で有意であり,発言頻度を説明できる。よって,**仮説H2-1「ネットコミュニティ利用能力が高いほど,ネットコミュニティでの発言頻度が高い」は支持**された。

性格については,発言の有無の分析と同様に,「外向性」のt値は－0.91で有意ではなく,「協調性」のt値は3.76で有意であった。やはり1対1のコミュニケーションではなく,集団の中で適切に発言できる協調性が必要となる。このように,**仮説H2-2「外向性が高いほど,ネットコミュニティでの発言頻度が高い」は棄却**され,**仮説H2-3「協調性が高いほど,ネットコミュニティでの発言頻度が高い」は支持**されるという結果になった。

目的については,「即自性」のt値は2.08で有意であった。「創造性」については,発言の有無の分析とは逆に,「初心者に知識伝達」のt値は3.84で有意であったが,「企画・創造」のt値は0.94で有意でなかった。「企画・創造」は目的そのものであるが,「初心者に知識伝達」はそのための手段である。目的そのものの存在は発言をするために必要であったわけだが,それだけでは発言頻度は増やすには十分ではなく,「初心者に知識伝達」をするという

第3章　ネットコミュニティ参加のメカニズム

表3-6　発言頻度を説明する重回帰分析結果

分野	項目	標準化係数	t	有意確率
利用能力	x_1：ネットコミュニティ使用方法理解	0.13	3.73	0.00
性格・外向性	x_2：地味でめだたない（逆転項目）	−0.03	−0.91	0.36
性格・協調性	x_3：人情があつい	0.12	3.76	0.00
目的・即自	x_4：特定のメンバーと連絡	0.08	2.08	0.04
目的・創造	x_5：初心者に知識伝達	0.18	3.84	0.00
目的・創造	x_6：企画・創造	0.05	0.94	0.35
品質・発言（手段性）	x_7：発言恥ずかしい（−）	−0.14	−4.14	0.00
品質・楽しさ（即自性）	x_8：楽しい経験	0.14	3.84	0.00
品質・使い方提案（創造性）	x_9：自分にあったアドバイス	0.01	0.15	0.88
提案者×目的・創造	提案者ダミー×目的・創造（初心者に知識伝達）	0.02	0.26	0.80
提案者×目的・創造	提案者ダミー×目的・創造（企画・創造）	−0.03	−0.41	0.68
提案者×品質・使い方提案	提案者ダミー×品質・使い方提案（創造性：自分にあったアドバイス）	0.44	6.37	0.00
(定数)		0.04	0.34	0.74

注：$R^2=0.52$。

手段的行動の方がむしろ発言頻度を増やす力が大きいと考えられる。結果として**仮説H2-4「ネットコミュニティ利用目的が即自的であるほど，ネットコミュニティでの発言頻度が高い」は支持され，仮説H2-5「ネットコミュニティ利用目的が創造的であるほど，ネットコミュニティでの発言頻度が高い」は部分的に支持**された。

　知覚品質については，発言の有無の分析と同様に，手段性にかかわる「恥ずかしくない」（t値は−4.14），即自性にかかわる「楽しい経験ができる」（t値は3.84）は有意であったが，創造性にかかわる「使い方提案のアドバイス

が多い」のt値は0.15で有意でなかった。やはり提案などのアドバイスが多い場であるということが，場の品質として発言頻度を規定するわけではないようである。このように**仮説H2-6「ネットコミュニティの知覚品質が高いほど，ネットコミュニティでの発言頻度が高い」は部分的に支持**された。

最後に発言者分類の影響の検証である。提案者ダミーとの積をとった3つの項目の係数を見ると，創造的目的を表す2項目のt値はそれぞれ0.26と−0.41で有意でなく，アドバイスが多いという創造的知覚品質に関する項目については有意であった（t値は6.37）。これまでの分析では，アドバイスが多いという創造的知覚品質は，発言者の発言の有無や発言頻度を直接規定するものではなかったが，提案者に限ればこの創造的知覚品質は十分に効果的であると考えられる。このように，**仮説H2-7「提案者であるほど，利用目的が創造的である程度が，発言頻度に与える影響が強い」は棄却**され，**仮説H2-8「提案者であるほど，創造的利用目的にかかわる知覚品質の高さが，発言頻度に与える影響が強い」は支持**された。

3-5 ネットコミュニティ参加の促進方法

以上のように，ネットコミュニティの発言の有無と発言頻度は，ネットコミュニティの利用能力，性格，ネットコミュニティ利用目的，ネットコミュニティの知覚品質に依存するという仮説が支持された。発言の有無を規定する構造と発言頻度を規定する構造には大きな違いはなかった。仮説は概ね支持されたといえよう（表3-7）。

さらに以下のような発見があった。第一に外向性が高くてもネットコミュニティにおいて発言をするわけではなく，ネットコミュニティという集団における協調性の高さが発言傾向に影響を及ぼすことが示唆された。南（1998）や山本・石田・太田（2003）のシミュレーション分析では，ネットコミュニティの存続のためには協調性が重要なパーソナリティであることが示されており，本研究の結果と一致している。第二に，発言者には「質問・回答者」

第3章　ネットコミュニティ参加のメカニズム

表3-7　ネットコミュニティ発言の規定要因

分野	項目	発言有無 (二項ロジット分析)		発言頻度 (重回帰分析)	
利用能力	x_1：ネットコミュニティ使用方法理解	H1-1	***	H2-1	***
性格・外向性	x_2：地味でめだたない（逆転項目）	H1-2		H2-2	
性格・協調性	x_3：人情があつい	H1-3	*	H2-3	***
目的・即自	x_4：特定のメンバーと連絡	H1-4		H2-4	**
目的・創造	x_5：初心者に知識伝達	H1-5		H2-5	***
目的・創造	x_6：企画・創造		**		
品質・発言（手段性）	x_7：発言恥ずかしい（−）		***		***
品質・楽しさ（即自性）	x_8：楽しい経験	H1-6	***	H2-6	***
品質・使い方提案（創造性）	x_9：自分にあったアドバイス				
提案者×目的・創造	提案者ダミー×目的・創造（初心者に知識伝達）			H2-7	
提案者×目的・創造	提案者ダミー×目的・創造（企画・創造）	―			
提案者×品質・使い方提案	提案者ダミー×品質・使い方提案（創造性：自分にあったアドバイス）			H2-8	***

と「提案者」があり，質問・回答者は質問，回答，アドバイスしかしないが，提案者はそれらに加えて使い方提案と新商品提案をするという階層構造があることがわかった。第三に，質問・回答・アドバイスと各種提案とでは発言の質が違い，商品の使い方提案などのワントゥワン提案がしやすいというネットコミュニティの知覚品質は，質問・回答者の発言頻度向上には影響しないが，提案者の発言頻度向上には効果をもつことが示された。

　第四に，説明変数の中で特に影響力の大きい項目は知覚品質であった。発言の有無の分析では，「発言恥ずかしい（−）」という知覚品質項目のオッズ

比が第1位で0.49（逆数を取ると2.05），「楽しい経験」という知覚品質項目のオッズ比が第2位で1.91であった（表3-5）。発言頻度の分析では，「自分にあったアドバイスがある」という知覚品質項目と提案者ダミーとの積の標準化された偏回帰係数が最大（0.44）であった（表3-6）。また，有意であった項目の数と順位を見ると，発言の有無については，知覚品質項目は6項目中2項目で，第1順位と第2順位である。発言頻度については，知覚品質項目は7項目中3項目で，第1順位，第3順位，第4順位である。このように，相対的に知覚品質項目は発言の有無よりも発言頻度を説明する力が強い。

　消費者のネットコミュニティ利用能力，性格，ネットコミュニティ利用目的に関しては，企業側からコントロールすることは困難である。しかしネットコミュニティの知覚品質は相対的にコントロール可能な変数である。発言の有無や発言頻度についてのネットコミュニティの知覚品質の説明力が高いということは，企業側からネットコミュニティの場の品質を改善することができれば，発言が増えてネットコミュニティの場が盛り上がることを意味している。このように企業側のブランドマネジメント担当者やネットコミュニティ運営者が，ネットコミュニティの活性化を実現できる可能性が示された。

　近年の消費者行動論においては，「個人の異質性（Heterogeneity）」（Rossi & Allenby 2003）が注目されている。対象となる消費者すべてに対して当てはまる構造モデルを特定化したり，特定のデモグラフィック特性を持つ消費者全体に当てはまる係数を求めるのではなく，個人によって構造方程式の係数自体が異なる，という考え方である。本研究においては，係数をさらに説明する構造方程式を設けるという階層化モデル（Hierarchical Model）を用いることはしなかったが，ネットコミュニティにおいて個人に「知覚された」品質によって発言行動が異なる，という個人の異質性の前提を支持する結果となった。また具体的には，ネットコミュニティでの発言には，先験的な性格等の個人差要因ではなく，コントロール可能な場の知覚品質という状況要因の方が強く影響することが示された。このことは実務的な意味で，ネット・マーケティングの本質であるワントゥワン性の重要性を示唆しているといえる（注7）。

　本章ではネットコミュニティ上の発言行動について，その規定要因を明確

にし，特にネットコミュニティ知覚品質の改善という意味で，企業側からのネットコミュニティ活性化の可能性について示唆した。

（注1）企業側から見た場合，ネットコミュニティにアクセスしただけでは価値がなく，商品購入の参考にしたり，発言によって情報量を増やしたりする行動に価値がある。今回の調査対象者ではネットコミュニティを見た経験がある人のうち，ネットコミュニティの情報を参考にして商品・サービスを購入したり使用したりする人が73％，発言（質問）経験のある人が79％である。情報を参考にした人の85％，発言（質問）した人の78％が，情報を参考にしてかつ発言（質問）をしている。このように，発言する人と商品購入の参考にする人とが重なっている率が高いため，本研究ではより価値のある行動である「発言」の促進を重要な戦略目標として捉えることは妥当である。なお小川ら（2003）の2002年時点でのアンケートでは，@COSMEの情報を活用して化粧品を購入した比率が92％，発言者比率が44％であった。結果的にはROMがネットコミュニティ以外にクチコミ情報を伝播させる「2次購買」の規模が大きいわけだが，@COSMEの情報を豊富にするための発言の促進が戦略課題であることには変わりない。

（注2）オピニオンリーダーは特定の分野における個人の特徴であるが，商品分野を超えての情報通はmarket maven（Feick & Price 1987；Gladwell 2000）と呼ばれる。Feick & Price（1987）の6つのmarket maven scaleでは外向性，協調性と対応する性格が表現されている。なお本研究では特定の商品や生活分野に関連した1つのネットコミュニティに限定せず，ネットコミュニティ全般を想定して分析を行っている。よって特定の商品や生活分野にかかわるニーズ，もしくは製品関与，製品知識，オピニオンリーダー度，イノベーター度等は，変数として採用していない。

（注3）ビデオリサーチ社のネット調査パネル「ONLINE-ACCESS」会員（全国15歳以上の男女）約5.3万人に対して，同社のサイト・バナー広告，メルマガ広告によってアンケートの告知を行って対象者を公募し，応募してきた調査協力登録者の性・年齢等の条件（自宅のPCでインターネットにアクセスしている人で，性・年齢の条件を満たす人）をチェックの上改めてメールで協力を依頼し，アンケート回答用URLにアクセスしてもらい，Web上で回答してもらう。謝礼は「回答ポイント」である。層化二段階抽出を行った理由は，性・年齢の影響を捨象するためである。オンライン調査には，スピード，データ入力，自動回答チェック，回答者の利便性等のメリットがある。サンプル抽出法に関しては，確かに無作為抽出に比べて代表性に難があるが，一般の無作為抽出においてもスクリーニングした後の承諾率が低い場合には代表性は低くなるものであるため，「ONLINE-ACCESS」の代表性に関して大きな問題があるとは考えない。但し一般的なネット・パネルの特徴としては，高学歴，高収入・高支出，情報感度高，商品関与度高であるといわれている。

（注4）財団法人日本インターネット協会のインターネット白書によれば，2003年2月時点でのインターネット人口は56,453千人（人口比44.2％），2006年2月時点では73,619千人（人口比57.6％）であり，この3年間で1.30倍に成長した。またブロードバンド（常時接

続）人口は，2003年2月時点で15,962千人（人口比12.5%），2006年2月時点で37,568千人（人口比29.4%）であり，この3年間で2.35倍に成長した。インターネット利用者に占める常時接続比率は，2003年で28%，2006年51%である。それに対し，今回（2003年2月）のアンケート（n = 1,079，インターネットでのアンケート回答者）では，常時接続者の比率は75%であり，かなり高い水準である。今回のアンケート回答者はインターネットのヘビーユーザーであり，現在（2006年）から将来を占うには適したサンプルであると考えられる。

(注5) 同じサンプルに対して2クラスターを抽出する非階層的クラスター分析を行った結果が表3-8である。サンプルがROMと発言者の2つに分類されたが，ここでの発言者の「使い方提案」の経験率が60%，「新商品提案」の経験率が44%となり，発言者の中にこの2つの種類の発言をする人としない人が混在してしまっている。一方同じサンプルに対して4クラスターを抽出する非階層的クラスター分析を行った結果が表3-9である。表3-4と同様にROM，質問・回答者，提案者の3クラスターが抽出され，それらに加えて回答・提案者とでもいうべき第4のクラスターが抽出された。しかしこの回答・提案者の「回答」の経験率が74%，「使い方提案」の経験率が53%となり，この2つの種類の発言の経験率を用いてクラスターを定義することが困難である。さらにこのクラスターのサンプル数は38しかなく，このあとのロジスティック回帰分析や重回帰分析の対象とはしにくい。以上の予備的検討から，ここでは仮説通りの3クラスターを分析の対象とする。

表3-8　発言クラスター別の各種発言の経験率（2クラスター）

(%)

	n	質問	回答	アドバイス	使い方提案	新商品提案
ROM	187	34	27	9	7	4
発言者	444	97	99	98	60	44
合計	631	78	78	71	45	32

注：網掛けのセルは経験率90%以上。

表3-9　発言クラスター別の各種発言の経験率（4クラスター）

(%)

		n	質問	回答	アドバイス	使い方提案	新商品提案
ROM		120	22	0	4	0	3
発言者	質問・回答者	283	98	98	90	28	0
	回答・提案者	38	18	74	13	53	21
	提案者	190	97	98	97	95	100
合計		631	79	78	71	45	32

注：網掛けのセルは経験率90%以上。

(注6) 表3-5のExp (B) はオッズ比である。例えば「楽しい経験」の値が1単位高ければ，発言経験率が1.91倍高いということを意味する。オッズ比が1に近いと関連があまりないということを示す。

(注7) ネットコミュニティでの発言に関して，デモグラフィック特性等の個人差要因の影響について追加的に分析した。性，年齢，世帯年収，個人年収，回線種類（常時接続か否か），インターネット利用年数，インターネット利用時間の7つの変数を，説明変数に加えてロジスティック回帰分析と重回帰分析を行った。その結果，発言頻度を説明する重回帰分析においては7つの変数はすべて有意でなかった。発言の有無を説明するロジスティック回帰分析では，性（オッズ比1.91で男性の方が発言経験者が多い），インターネット利用年数（オッズ比1.24で年数の長い人の方が発言経験者が多い）の2項目のみ有意となった。しかし知覚品質項目（「楽しい経験ができる」）のオッズ比よりは小さく，全体の正分類率は86％で1ポイントしか改善しない。このようにネットコミュニティの発言行動は，通常のデモグラフィック特性，回線種類，インターネット経験などでは説明できず，ネットコミュニティ利用能力，性格，ネットコミュニティ利用目的，ネットコミュニティ知覚品質によって説明することが有効である。

第4章
ネットコミュニティの盛り上がり

4-1 ネットコミュニティの盛り上がりと情報の信頼性

　前章では，ネットコミュニティ利用促進のためにはネットコミュニティの知覚品質の向上が必要であることを示した。知覚品質が高ければ，ネットコミュニティが盛り上がり，信頼できる情報も増える。本章では2番目の課題である，ネットコミュニティの知覚品質の規定要因の分析を行う。

　企業側がネットコミュニティをマーケティング・コミュニケーションのツールとして活用するためには，ネットコミュニティ品質を高め，利用者の満足度を向上させる必要がある。佐々木・津田（2003）によれば，ネットコミュニティから商品情報を収集して購買する経験を積めば積むほど，消費者のネットコミュニティに対する評価が向上していくという。しかし企業側から積極的に運営上の工夫を行って管理するための方法は必ずしも明らかにされていない。

　もともとネットコミュニティの精神は消費者主権であり，企業との対立構造が顕著であった（Rheingold 1993）。そのためネットコミュニティへの参加や発言行動は外部から操作不能であるとの考え方が産業界に根強い。また，従来からネットコミュニティの運営といえば「司会者」の絶妙な発言誘

導方法が注目されており（NIFTYネットワークコミュニティ研究会 1997, pp.202-223），企業側からは「ネットコミュニティは効果的だが，リスクが大きく，リスクを回避するための運営は高コスト」という印象が強かった。

またネットコミュニティの運営上の工夫として「ルールとツール」の設定の問題として捉える考え方がある（伊藤 1997；Kim 2000；村本・菊川 2003）。しかし従来の研究では，ルールとツールによるネットコミュニティ品質の向上とネットコミュニティの利用促進の効果については，必ずしも明らかにされていない。

以上の問題意識に基づき，ネットコミュニティの知覚品質と満足度に関する仮説モデルを構築し，共分散構造分析により規定要因の構造を解明し，ネットコミュニティに対する満足度を向上させる方法を検討することを本章の目的とする。

4-2　ルールとツールの効果

ネットコミュニティの利用促進を図るには，ネットコミュニティに対する利用者の満足度を向上させる必要があり，その満足度は利用者によって知覚されたネットコミュニティ品質によって規定されると仮定する。ネットコミュニティの利用目的は，購買意思決定のための情報源とすることであるが，一方でコミュニケーションそのものを楽しむという目的もある。よってネットコミュニティ品質は，情報源としての品質とコミュニケーションの場としての品質に分解できると仮定する。このうち後者のコミュニケーションの場としての品質は，第3章で着目したネットコミュニティの知覚品質に相当する。

購買意思決定のための情報源としての品質は，第一に各種ブランドに関する情報の豊富さに依存するため，ネットコミュニティ利用者が活用できるブランド情報量が重要な変数であると仮定する。第二に，各種ブランドの情報が豊富にあるだけではネットコミュニティは役に立たず，その情報の信憑性等，情報の質も無視できない。よって，ネットコミュニティ利用者によって

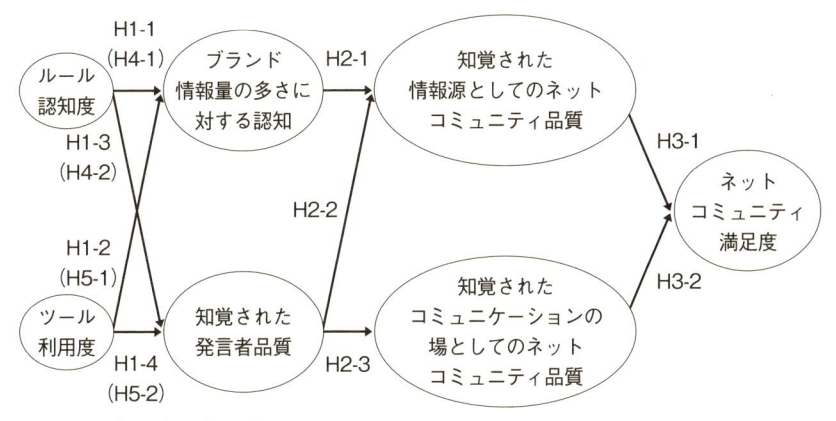

第4章　ネットコミュニティの盛り上がり

図4-1　ネットコミュニティに対する評価の因果構造モデル

注：図中の番号は仮説番号である。

知覚された発言者品質が重要であると仮定する。

　コミュニケーションの場としてのネットコミュニティ品質に影響を与える要因は，コミュニケーションが楽しくなるようなメンバーの存在であると仮定する。よって発言者が一緒にいると楽しい，尊敬できる，といった要素も，知覚された発言者品質として捉えることにする。

　そしてブランド情報量と発言者品質を規定する要因は，前述の伊藤（1997），Kim（2000），村本・菊川（2003）らのいう通り，ネットコミュニティの活性度を高めながら行き過ぎを抑制するためのネットコミュニティ運営上の工夫である，ルールとツールであると仮定する。

　これらの仮説を因果構造モデルとして示すと図4-1のようになる。各仮説についての詳細な検討を以下で行う。

4-2-1. ルールとツール，ブランド情報量と発言者品質

　ネットコミュニティ上でのルールとは，前述のネットコミュニティ運営原則（Kim 2000）であり，「悪意ある侵入者から守り，社会秩序を維持する」ための「ソフトインフラ」（村本・菊川 2003）である。本研究ではルールを「ネットコミュニティを活性化し維持していくためのコミュニティ運営上の各種規則」と定義する。ルールが利用者に認知されると，利用者の多くは発言し

やすくなってネットコミュニティ上の発言量が増大し，活用できるブランド情報量が増える。

村本・菊川（2003）は「ソフトインフラ」のもう1つの側面として「コミュニケーションを促進する手段，ツール」をあげている。本研究ではツールを「ネットコミュニティを活性化し維持していくための，発言管理やメンバー管理のための道具」と定義する。ツールを利用すれば埋もれている過去の発言を検索することで，活用できるブランド情報量が増える。またツールを使うことで文脈にそった適切な発言をすることが可能になり，発言量が増大する。その結果，各種ブランドに関して活用できる情報量が増大し，ネットコミュニティ利用者に活用されることになる。

なお，本研究ではブランド情報について以下のように定義する。Keller(1998)によれば，ブランド知識はブランド認知とブランドイメージからなる。ブランドイメージはブランド連想のタイプ，その好ましさ，強さ，ユニークさからなり，さらにブランド連想のタイプは，属性，ベネフィット，態度から構成される。ブランド情報とは，これらのブランド知識を形成する基となる情報であり，ブランド名，価格，使用者イメージ，ブランド理念等からなる。ルールとツールによってネットコミュニティが活性化することで，当該ネットコミュニティのテーマに関連するブランドにかかわる発言が増え，活用できるブランド情報量が増加することになる。

以上のような議論に基づき，ネットコミュニティ内のブランド情報量に関して以下の仮説を設定する。

H1-1：ネットコミュニティ利用者のルール認知度が高まれば，ネットコミュニティ内のブランド情報量の多さに対する認知が高くなる。

H1-2：ネットコミュニティ利用者のツール利用度が高まれば，ネットコミュニティ内のブランド情報量の多さに対する認知が高くなる。

発言者を勇気づけて発言を継続させる原動力は，自分の発言に対する返事（レス）であるといわれる（北山 1997）。「悪意ある侵入者から守り，社会秩序を維持する」ためのルールがネットコミュニティ利用者の多くに認知されると，他の利用者から共感されたり，尊敬されたり，一緒にいると楽しいと思われたりする人の発言に対して返事（レス）をつけやすくなり，発言を読

んでいて不快に感じられる人の発言は無視されるなどして抑制される。その結果発言者品質が向上していく。

また「コミュニケーションを促進する手段」である「ツール」には，利用者が自己紹介をしたり，発言者の個人属性を検索するためのツールがある。ネットコミュニティ利用者はこうしたツールを利用することで，匿名性の高い発言者を評価することができるようになる。その結果，ネットコミュニティ利用者から高く評価されないメンバーの発言は無視されるなどして排除されるようになる。そして発言者品質が向上することになる。

なおネットコミュニティでの発言者に対する評価基準は，信憑性（宮田1997）と被共感性（Davis 1994；澤田 1992）であるといえる。発言の内容が信じてもらえて，かつ共感される場合に，レスがつき，発言者として活動が存続できることになる。よって本研究では，ネットコミュニティ利用者によって知覚された発言者の信憑性と被共感性を，知覚された発言者品質と定義する。その上で以下の仮説を設定する。

H1-3：ルール認知度が高まれば，**知覚された発言者品質**が高くなる。

H1-4：ツール利用度が高まれば，**知覚された発言者品質**が高くなる。

4-2-2. 情報源としてのネットコミュニティ品質

ネットコミュニティの利用目的には，商品購入時の参考情報として，商品のユーザーによる評価情報の入手を目的とする「手段的」な情報収集と，ネットコミュニティでのコミュニケーション自体を楽しむという「即自的」な利用目的とが存在する（金森・木村 2003）。よって本研究ではネットコミュニティの品質として，第3章での「コミュニケーションの場」としての品質の議論に加えて，「情報源としてのネットコミュニティ品質」を追加する。

第一に，情報源としてのネットコミュニティ品質について検討する。商品購入時に参考情報として活用するには，信憑性の高い情報を容易に入手できる必要がある。宮田（2000）は情報活用頻度の高いネットコミュニティの特徴として，商品情報の多さ，発言のバラエティ，商品に関するユーザーレビュー，商品品質の客観評価ランキング，無条件に誰でも書き込みを読める，書き込みルールの遵守，発言者の信頼性評価情報，をあげている。これらを

参考に，ネットコミュニティの「情報源としてのネットコミュニティ品質」を「商品購入の参考情報の内容（量・質）や使いやすさ（検索性等）の品質」と定義する。そしてこのネットコミュニティ品質は，情報の量としてのブランド情報量の多さに対する認知と，情報の質としての知覚された発言者品質に規定される。よって以下の2つの仮説を設定する。

H2-1：ブランド情報量の多さに対する認知が高くなれば，知覚された情報源としてのネットコミュニティ品質が高くなる。

H2-2：知覚された発言者品質が高まれば，知覚された情報源としてのネットコミュニティ品質が高くなる。

4-2-3. コミュニケーションの場としてのネットコミュニティ品質

　ネットコミュニティはコミュニティであり，利用者の目的にはそこに所属してコミュニケーションを楽しむという側面がある。Kim（2000）の「ネットコミュニティ活性化の9つの戦略」を参考に，「コミュニケーションの場としてのネットコミュニティ品質」を，「集団として居心地が良く，そこでスムーズな会話ができる程度」と定義する。これは第3章のネットコミュニティの知覚品質に相当する。集団としての居心地やスムーズな会話は，集団の成員の質に依存すると考えられる。信憑性や被共感性の高いメンバーから構成される集団であれば，コミュニケーションは活性化する。よって以下の仮説が設定できる。

H2-3：知覚された発言者品質が高まれば，知覚されたコミュニケーションの場としてのネットコミュニティ品質が高くなる。

4-2-4. ネットコミュニティ満足度

　このように，ネットコミュニティは手段的な情報源であるだけでなく，即自的な楽しみの場でもある。手段的な情報源としてのネットコミュニティ品質と，即自的なコミュニケーションの場としてのネットコミュニティ品質の両方によって，ネットコミュニティ満足度が規定される。ネットコミュニティ満足度が高まれば，消費者は継続的にネットコミュニティにアクセスして，そこで流通している情報を活用し，一方で自分の意見や体験を発言するよう

になるであろう。よって以下の仮説を設定する。

H3-1：知覚された情報源としてのネットコミュニティ品質が高まれば，ネットコミュニティ満足度が高くなる。

H3-2：知覚されたコミュニケーションの場としてのネットコミュニティ品質が高まれば，ネットコミュニティ満足度が高くなる。

4-2-5. ROMと発言者

　他のメディアと比べて，ネットコミュニティの本質的特徴の1つが「発言」であり，ルールとツールの多くはその発言にかかわるものである。ところが必ずしもすべてのネットコミュニティ利用者が発言するわけではない。発言しないで黙って読んでいる人をROM（Read-Only Member）というが，ネットコミュニティ利用者にはむしろROMの方が多く，ROMのマーケティング・コミュニケーション上の重要性を指摘する研究もある（小川等 2003）。

　ルールとは，ネットコミュニティを活性化し維持していくためのコミュニティ運営上の各種規則であり，ROMよりも発言者にとって重要である。発言者は自分の質問に対するレスによって情報収集をしようとする。よって発言者はルールが存在していることにより，安心して自らの体験について発言し質問することができ，有意義な回答を得ることができる。即ち発言者のルール認知度が高ければ質問が促進され，それに対する回答が増え，ネットコミュニティ内のブランド情報量の多さに対する認知が高くなることになる。

　またルールが守られて発言者が安心して発言することができるようになると，すぐにレスがつくようになる。そのレスの内容を見ることで相手の発言者品質を評価することができるようになる。そして発言者品質の高い相手との対話が選択的に促進され，発言者にとってそのネットコミュニティでの知覚された発言者品質が高くなる。

　このような背景から，発言者についてはツール利用度よりもルール認知度の方が効果が大きいと考えられ，以下の2つの仮説を設定する。

H4-1：発言者の「ブランド情報量の多さに対する認知」は，「ツール利用度」よりも「ルール認知度」の影響をより強く受ける。

H4-2：発言者の「知覚された発言者品質」は，「ツール利用度」よりも「ル

ール認知度」の影響をより強く受ける。

　このように発言者は，自分の体験の紹介や質問を発することで，返事（レス）を引き出し，情報収集を行ったりコミュニケーションを楽しんだりする。一方ROMは，自ら発言せず，ネットコミュニティでの発言を検索して読んでいるだけの人である。ROMはツールを利用して過去発言の検索をするほど，効率的にブランド情報を収集することができるため，活用できるブランド情報量が増えると考えられる。

　またツールによって発言者の個人属性情報を検索することが可能になり，ROMは発言者の評価をすることができるようになる。その結果，信憑性や被共感性といった観点から高く評価できる発言者を見つけやすくなるため，知覚された発言者品質が高まると考えられる。

　このような背景から，ROMについてはルール認知度よりもツール利用度の方が効果があると考えられる。次の2つの仮説を設定する。

H5-1：ROMの「ブランド情報量の多さに対する認知」は，「ルール認知度」よりも「ツール利用度」の影響をより強く受ける。

H5-2：ROMの「知覚された発言者品質」は，「ルール認知度」よりも「ツール利用度」の影響をより強く受ける。

4-3　分析方法

4-3-1. 調査対象と調査方法

　調査対象は，ビデオリサーチ社のインターネット調査パネルより，インターネットユーザーの中から，性・年齢でサンプルの割りつけをして層化二段階抽出を行い抽出した。具体的には，男女それぞれ15～19歳の層に10%程度のサンプルを，20～49歳までのそれぞれ5歳刻みの層に15%程度のサンプルを割りつけた。対象サンプルに対してWebによるアンケートを実施した。調査時期は2003年3月である。その結果，1,079サンプルから回答を得た。その中からネットコミュニティを実際の商品選択に利用したことのある人の

み抽出したところ，最終的には344の有効サンプルを得た。

なお回答者がアクセスしているネットコミュニティは主に「レビューサイト」であり，商品情報収集のためのいわゆる手段的コミュニティが多かった。

4-3-2. 測定尺度

図4-1に示した仮説モデルを構成する因子は構成概念である。各構成概念は直接的には測定不能な潜在変数であり，測定誤差を伴う複数の指標を用いて測定できると仮定する。各指標はいずれもWebによるアンケート調査の質問項目である。

「ルール認知度」についてはKim（2000）の「ネットコミュニティ活性化の戦略」や村本・菊川（2003）の「オンライン・コミュニティの形成を支えるソフトインフラ」を参考にした。そこでは，目的の明示，役割の明確化，リーダーシップの発揮，エチケットの遵守等があげられている。本研究では，①素人を見下したり排除したりしない，②個人攻撃しない，③価値観を押しつけない，④質問は具体的に，⑤質問があったら回答の努力，⑥過去ログを読んでから発言，⑦最初に自己紹介，⑧初心者に親切，⑨司会役の人が積極的に介入，の9個のルールで測定した。いずれも「ほとんどの人がそうだった」～「そういう人はほとんどいなかった」の5段階尺度で測定する。

「ツール利用度」についても同じくKim（2000）や村本・菊川（2003）を参考にした。そこでは集いの場の整備，メンバー情報の提供，イベント・儀式の開催，サブグループの場の用意等があげられている。また宮田（2000）による，情報活用頻度の高いネットコミュニティの特徴の分析についても参考にした。本研究ではツール利用度について，①入退会管理，②投票システム，③発言の削除，④共有スケジューラー，⑤回答者を評価して表示，⑥共有ファイル，⑦過去発言検索，⑧コメントツリー表示，⑨個人情報が検索できる，⑩バーチャル名刺，の10個の変数で測定する。いずれも「よく使う」「ときどき使う」「あまり使わない」「使ったことはない」「そのようなサービスがあることを知らない」の5段階尺度で測定する。

「ブランド情報量の多さに対する認知」には，製品の品質や性能といった本質的製品属性の情報と周辺的属性情報とがある。前者はKeller（1998）の

ブランド知識分類においては，ブランド認知，価格，製品関連属性，機能的便益に相当する。本研究でもこの分類に従い，①ブランド名，②品質・機能についての良い話，③品質・機能についての悪い話，④価格，⑤商品の使い方の5変数を取り上げた。また後者の周辺的属性情報は，企業名や推奨者といった周辺的で表層的な情報量である。Keller（1998）のブランド知識分類においては，使用者イメージ，使用イメージ，象徴的便益に相当する。またMuniz & O'guinn（2001）や野村総合研究所（1991，1992）が指摘するブランドの物語情報（歴史，理念等）も関係する。本研究では，①ブランドの歴史・由来，②利用場面イメージ，③利用者イメージ，④ブランドの理念・主張の4変数を取り上げた。いずれも「多かった」〜「少なかった」の5段階尺度で測定する。

「知覚された発言者品質」は信憑性（信頼性と専門性）と被共感性からなる。一般に信憑性の高い情報源から発せられたメッセージを受け取ると，その内容に沿った形で態度を変容させやすい。この「情報源の信憑性（source credibility）」は「専門的な知識があること（専門性）」と「特定の意図がなく，誠実で信頼できること（信頼性）」に分解することができる（Hovland & Weiss 1951）。ネットコミュニティの情報は消費者からの情報であるがゆえに，広告等と比較して専門性が低いが信頼性が高いと判断される傾向があると考えられる。こうして専門性としては，①この分野について専門的知識を持つ人，②実体験に基づくと思われる発言をする人を取り上げる。信頼性として，①中立的な発言をする人，②発言が信じられる人，を採用した。

共感とは類似性の認知と感情の共有（Davis 1994；澤田 1992）である。よって被共感性として，①趣味・嗜好が類似する人，②共感できる発言をする人，③リアルワールドでも会いたい人，④尊敬できる人，の4変数で測定した。いずれも「ほとんどの人がそうだった」〜「そういう人はほとんどいなかった」の5段階尺度で測定する。

「知覚された情報源としてのネットコミュニティ品質」については，宮田（2000）の「情報活用頻度の高いネットコミュニティの特徴」を参考に，3つの側面を取り上げる。第一に情報の質として，①質が高い，②信憑性が高い，を取り上げる。第二に情報の量として，③情報量が多い，を取り上げる。

第三に場の使いやすさとして，④情報が検索しやすい，を取り上げる。

「知覚されたコミュニケーションの場としてのネットコミュニティ品質」は，ネットコミュニティの即自性（金森・木村 2003）の側面の品質である。Kim（2000）等を参考に，①見ていて楽しい，②居心地が良い，③建設的な議論ができる，の3つを取り上げることにする。

「ネットコミュニティ満足度」では，①総合的に満足できる，という尺度だけでなく，②総合的に役に立つ，という積極的な情報活用の前提となる尺度も用いて測定する。

4-3-3. モデルの特定化

各構成概念の指標ごとに因子分析を行い尺度の一次元性を確認すると共に，信頼性係数（クロンバックの α 係数）を計算し，観測変数の特定化を行う。また，特定化された指標を用いて，仮説モデルの構成概念間の関係を共

表4-1　ルールの因子分析結果

		因子負荷量		
		第1因子	第2因子	第3因子
		マナー ルール	発言 ルール	初心者保護 ルール
質問内容	素人を見下したり排除したりしない	0.89	0.14	0.23
	個人攻撃しない	0.86	0.13	0.19
	価値観を押し付けない	0.57	0.30	0.21
	質問は具体的に	0.18	0.87	0.04
	質問があったら回答の努力	0.24	0.59	0.29
	過去ログを読んでから発言	0.05	0.53	0.19
	最初に自己紹介	0.11	0.23	0.80
	初心者に親切	0.31	0.36	0.63
	司会役の人が積極的に介入	0.28	0.04	0.46
固有値		4.0	1.4	1.1
累積寄与率（%）		44	60	71

分散構造分析により分析する。

まず「ルール認知度」と「ツール利用度」のそれぞれの変数群に対して最尤法による因子分析を行い，バリマックス回転を行ったのち，固有値1以上の因子を抽出した。その結果，ルール認知度においては3つの因子が（表4-1），ツール利用度においては2つの因子が（表4-2）抽出できた。

ルールの第一因子は，素人にやさしく，個人攻撃はせず，価値観を押しつけないといった，古くからあるネチケットであり，「マナールール」と呼ぶことにする。第二因子は質問と発言に関するルールであり，「発言ルール」と呼ぶ。第三因子は最初の自己紹介，初心者に親切にする，司会が介入するといった，主に初心者に注目したルールであり，これを「初心者保護ルール」と呼ぶことにする。

ツールの第一因子は，入退会管理からコメントツリーまで各種のツールと

表4-2　ツールの因子分析結果

		因子負荷量	
		第1因子	第2因子
		一般的ツール	個人情報ツール
質問内容	入退会管理	0.75	0.30
	投票システム	0.70	0.29
	発言の削除	0.67	0.21
	共有スケジューラー	0.65	0.46
	回答者を評価して表示	0.55	0.37
	共有ファイル	0.52	0.41
	過去発言検索	0.38	0.21
	コメントツリー表示	0.38	0.14
	個人情報が検索できる	0.25	0.86
	バーチャル名刺	0.39	0.72
固有値		5.0	1.2
累積寄与率（%）		50	61

表4-3 潜在変数の定義

潜在変数	定義
ルール認知度	ネットコミュニティを活性化し維持していくためのコミュニティ運営上の各種規則に関する認知度。
マナールール認知度	素人にやさしく，個人攻撃はせず，価値観を押し付けないといった，「ネチケット」の認知度。
発言ルール認知度	質問やその他の発言の仕方に関するルールの認知度。
初心者保護ルール認知度	最初の自己紹介，初心者に親切にする，司会が介入するといった，初心者を保護するルールの認知度。
ツール利用度	ネットコミュニティを活性化し維持していくための，発言管理やメンバー管理のための道具に関する利用度。
一般的ツール利用度	入退会管理やコメントツリーなどの各種の一般的なツールの利用度。
個人情報ツール利用度	個人情報検索とバーチャル名刺といった個人情報管理のためのツールの利用度。
ブランド情報量の多さに対する認知	ブランド名，価格，使用者イメージ，ブランド理念等の，ブランド知識を形成する基となる情報の量に対する認知度。
知覚された発言者品質	ネットコミュニティ利用者によって知覚された，発言者の信憑性と被共感性の程度。
知覚された情報源としてのネットコミュニティ品質	ネットコミュニティ利用者によって知覚された，商品購入の参考となる情報の内容（量・質）や，ネットコミュニティの使いやすさ（検索性等）の程度。
知覚されたコミュニケーションの場としてのネットコミュニティ品質	集団として居心地が良く，そこでスムーズな会話ができる程度。
ネットコミュニティ満足度	ネットコミュニティ利用者がネットコミュニティを情報源として，またはコミュニケーションの場として活用するにあたっての満足度。

関連があり，「一般的ツール」と呼ぶことにする。これに対して第二因子は内容が限定されており，個人情報検索とバーチャル名刺が該当しているため，「個人情報ツール」と呼ぶことにする。

なお，抽出された各因子について負荷量が相対的に大きい変数（表4-1，4-2で網掛けされた変数）に関してクロンバックの α 係数を計算し， α 係数が0.65以上の変数を各因子の測定尺度とした（注1）。

また，それ以外の因子についても，測定尺度ごとに因子分析を行った結果，いずれも1因子に集約された。指標ごとの信頼性係数（ α 係数）は0.65以上であるので，これらの指標を各構成概念の観測変数として採用することにする。ルールとツールと，その他の潜在変数についての定義を表4-3に示す。

4-4 分析結果：ROM（リード・オンリー・メンバー）と発言者の違い

4-4-1. 共分散構造分析の結果

仮説モデルで仮定した因果性を共分散構造分析により分析した。ソフトウェアはSPSS社のAMOSを使用した（注2）。対象はネットコミュニティを実際の商品選択に利用した経験がある人344サンプルである。モデル式は以下の通りである。分析結果は図4-2の通りである。変数一覧と，観測変数の係数は表4-4に示す。

<構造方程式>

$f_9 = a_{97}f_7 + a_{98}f_8 + e_{90}$
$f_8 = a_{86}f_6 + e_{80}$
$f_7 = a_{75}f_5 + a_{76}f_6 + e_{70}$
$f_6 = a_{60}f_0 + a_{61}f_1 + a_{62}f_2 + a_{63}f_3 + a_{64}f_4 + e_{60}$
$f_5 = a_{50}f_0 + a_{51}f_1 + a_{52}f_2 + a_{53}f_3 + a_{54}f_4 + e_{50}$

<測定モデル>

$x_{01} = a_{01}f_0 + e_{01}$ $x_{22} = a_{22}f_2 + e_{22}$ $x_{36} = a_{36}f_3 + e_{36}$
$x_{02} = a_{02}f_0 + e_{02}$ $x_{23} = a_{23}f_2 + e_{23}$ $x_{37} = a_{37}f_3 + e_{37}$
$x_{03} = a_{03}f_0 + e_{03}$ $x_{31} = a_{31}f_3 + e_{31}$ $x_{38} = a_{38}f_3 + e_{38}$
$x_{11} = a_{11}f_1 + e_{11}$ $x_{32} = a_{32}f_3 + e_{32}$ $x_{41} = a_{41}f_4 + e_{41}$
$x_{12} = a_{12}f_1 + e_{12}$ $x_{33} = a_{33}f_3 + e_{33}$ $x_{42} = a_{42}f_4 + e_{42}$
$x_{13} = a_{13}f_1 + e_{13}$ $x_{34} = a_{34}f_3 + e_{34}$ $x_{51} = a_{51}f_5 + e_{51}$
$x_{21} = a_{21}f_2 + e_{21}$ $x_{35} = a_{35}f_3 + e_{35}$ $x_{52} = a_{52}f_5 + e_{52}$

第4章　ネットコミュニティの盛り上がり

$x_{53} = a_{53}f_5 + e_{53}$　　$x_{62} = a_{62}f_6 + e_{62}$　　$x_{72} = a_{72}f_7 + e_{72}$
$x_{54} = a_{54}f_5 + e_{54}$　　$x_{63} = a_{63}f_6 + e_{63}$　　$x_{73} = a_{73}f_7 + e_{73}$
$x_{55} = a_{55}f_5 + e_{55}$　　$x_{64} = a_{64}f_6 + e_{64}$　　$x_{74} = a_{74}f_7 + e_{74}$
$x_{56} = a_{56}f_5 + e_{56}$　　$x_{65} = a_{65}f_6 + e_{65}$　　$x_{81} = a_{81}f_8 + e_{81}$
$x_{57} = a_{57}f_5 + e_{57}$　　$x_{66} = a_{66}f_6 + e_{66}$　　$x_{82} = a_{82}f_8 + e_{82}$
$x_{58} = a_{58}f_5 + e_{58}$　　$x_{67} = a_{67}f_6 + e_{67}$　　$x_{83} = a_{83}f_8 + e_{83}$
$x_{59} = a_{59}f_5 + e_{59}$　　$x_{68} = a_{68}f_6 + e_{68}$　　$x_{91} = a_{91}f_9 + e_{91}$
$x_{61} = a_{61}f_6 + e_{61}$　　$x_{71} = a_{71}f_7 + e_{71}$　　$x_{92} = a_{92}f_9 + e_{92}$

モデル全体の適合度については，CFIが0.88，GFI，AGFIが0.81，0.78，RMSEA（Root Mean Square Error of Approximation）は0.05である。南風原（2002）等

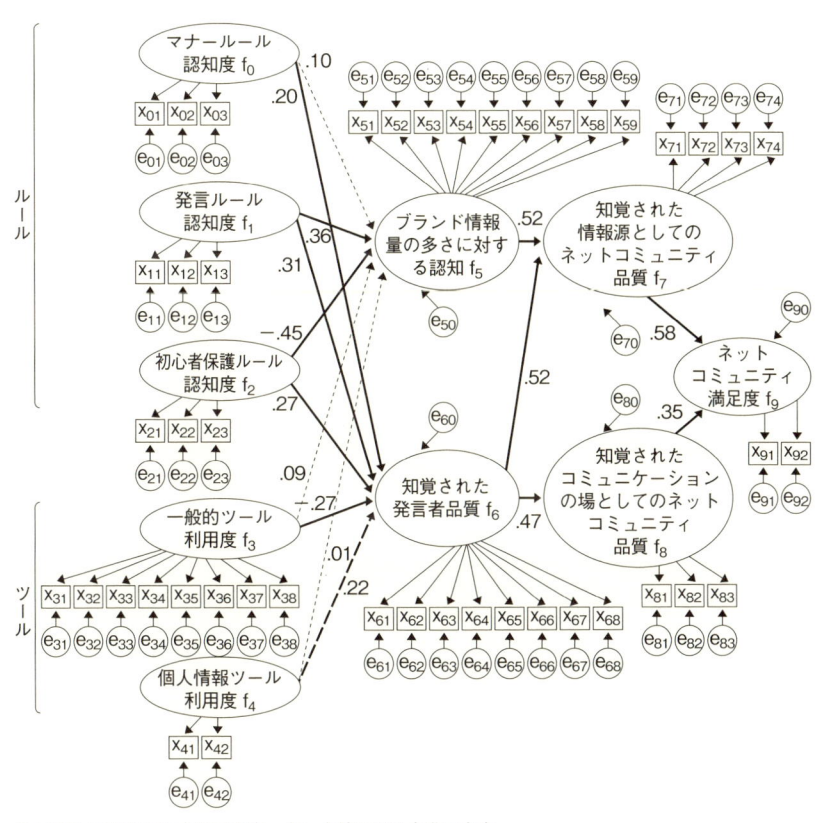

注：図中の実線は5％水準で有意，太い点線は10％水準で有意。

図4-2　共分散構造分析結果

表4-4 各因子から観測変数への標準化パス係数

因子		質問内容	標準化係数	検定統計量
マナールール認知度 f_0	X_{01}	素人を見下したり排除したりしない	0.93	—
	X_{02}	個人攻撃しない	0.89	21.10
	X_{03}	価値観を押し付けない	0.66	13.90
発言ルール認知度 f_1	X_{11}	質問は具体的に	0.77	11.09
	X_{12}	質問があったら回答を	0.74	—
	X_{13}	過去ログを読んでから発言	0.57	9.02
初心者保護ルール認知度 f_2	X_{21}	初心者には親切に	0.80	12.18
	X_{22}	最初に自己紹介を	0.73	—
	X_{23}	司会は積極介入して秩序維持	0.53	8.69
一般的ツール利用度 f_3	X_{31}	スケジューラー	0.84	11.63
	X_{32}	入退会管理システム	0.75	13.14
	X_{33}	投票システム	0.74	10.78
	X_{34}	共有ファイル	0.70	10.34
	X_{35}	アドバイス評価の表示	0.68	10.17
	X_{36}	発言削除等管理システム	0.61	—
	X_{37}	過去発言フリーワード検索	0.40	6.63
	X_{38}	コメントツリー表示機能	0.35	6.27
個人情報ツール利用度 f_4	X_{41}	バーチャル名刺等自己紹介システム	0.88	—
	X_{42}	メンバー情報検索システム	0.82	15.33
ブランド情報量の多さに対する認知 f_5	X_{51}	各商品(ブランド)の使い方	0.72	8.14
	X_{52}	各商品(ブランド)の品質,機能についての良い話	0.68	10.18
	X_{53}	各商品(ブランド)の価格	0.66	8.14
	X_{54}	各商品(ブランド)の名前	0.59	—
	X_{55}	各商品(ブランド)の品質,機能についての悪い話	0.54	8.22
	X_{56}	各商品(ブランド)の利用場面のイメージ	0.44	6.21
	X_{57}	各商品(ブランド)を利用する人のイメージ	0.38	5.64
	X_{58}	各商品(ブランド)の理念や主張	0.19	3.12
	X_{59}	各商品(ブランド)の歴史,由来	0.17	2.80
知覚された発言者品質 f_6	X_{61}	発言が信じられる人	0.71	5.37
	X_{62}	共感できる発言をする人	0.64	5.25
	X_{63}	尊敬できる人	0.55	5.05
	X_{64}	自分と趣味・嗜好が似ている人	0.53	4.96
	X_{65}	リアルワールドでも会いたい人	0.42	4.57
	X_{66}	中立的な発言をする人	0.33	—
	X_{67}	実体験に基づくと思われる発言をする人	0.33	3.96
	X_{68}	この分野についての専門的知識を持つ人	0.31	3.94
知覚された情報源としてのネットコミュニティ品質 f_7	X_{71}	情報の質が高い	0.82	9.75
	X_{72}	発言の信憑性が高い	0.76	7.86
	X_{73}	情報が探索しやすい	0.61	8.39
	X_{74}	情報量が多い	0.55	—
知覚されたコミュニケーションの場としてのネットコミュニティ品質 f_8	X_{81}	居心地が良い	0.89	9.98
	X_{82}	見ていて楽しい	0.72	9.64
	X_{83}	建設的な議論ができる	0.57	—
ネットコミュニティ満足度 f_9	X_{91}	総合的に満足できる	0.90	—
	X_{92}	総合的に役に立つ	0.84	17.38

に示されている適合度の目安から見れば必ずしも十分ではない。しかし，モデルの分布と真の分布との1自由度あたりの乖離の程度を示す指標RMSEAは，一般にあてはまりが良いとされる値0.05である。そこでこのモデルを棄却せずに，この分析結果に基づいて要因間の因果関係を検討することにする。なお自由度は909, χ^2は1751である。図4-2では観測変数と誤差変数の記載は省略した。観測変数については表4-4を，共分散の仮定については(注3)を参照されたい。

検定統計量が「-」である質問は，標準化されていない係数として1を指定している質問である。

以下，図4-2に基づき，仮説の検証結果について検討する。「ネットコミュニティ利用者のルール認知度が高まれば，ネットコミュニティ内のブランド情報量の多さに対する認知が高くなる（H1-1)」という仮説に関しては，「マナールール認知度」から「ブランド情報量の多さに対する認知」への矢印の部分の標準化係数が有意ではなく，仮説は支持されなかった。「発言ルール認知度」から「ブランド情報量の多さに対する認知」への矢印の部分の標準化係数は0.36で，5%水準で有意であり，仮説が支持された。この結果は，「初心者保護ルール認知度」から「ブランド情報量の多さに対する認知」への矢印の部分の標準化係数は−0.45で，5%水準で有意ではあるが，仮説とは逆の関係が見出された。初心者保護ルールが強すぎると，発言に規制がかかりすぎ，活用できるブランド情報量が減ってしまうことを示唆していると考えられる。このようにブランド情報量に寄与するルールは発言ルールのみであった。

「ネットコミュニティ利用者のツール利用度が高まれば，ネットコミュニティ内のブランド情報量の多さに対する認知が高くなる（H1-2)」という仮説については，「一般的ツール利用度」から「ブランド情報量の多さに対する認知」への矢印の部分の標準化係数は0.09であり，「個人情報ツール利用度」から「ブランド情報量の多さに対する認知」への矢印の部分の標準化係数は0.01で，いずれも10%水準で有意ではなく，仮説が支持されなかった。

「ルール認知度が高まれば，知覚された発言者品質が高くなる（H1-3)」

という仮説については,「マナールール認知度」,「発言ルール認知度」,「初心者保護ルール認知度」のそれぞれから「知覚された発言者品質」への矢印の部分の標準化係数は0.20, 0.31, 0.27であり,いずれの場合も5%水準で有意であった。即ちすべてのルールについて仮説が支持された。

「ツール利用度が高まれば,知覚された発言者品質が高くなる (H1-4)」という仮説については,「一般的ツール利用度」から「知覚された発言者品質」への矢印の部分の標準化係数は－0.27で,5%水準で有意ではあるが,仮説とは逆の関係が見出された。一般的ツール利用度が高いということは,特に入退会管理システムや発言削除システム等,ネットコミュニティ利用者を信頼していない場合に多用される可能性が高い。このようなツールが用意されていることによって,かえって信頼性の低い利用者しかいないのではないか,という疑念を生じさせる可能性があると考えられる。一方「個人情報ツール利用度」から「知覚された発言者品質」への矢印の部分の標準化係数は0.22で,10%水準で有意であった。このように仮説1-4は部分的に支持された。

「ブランド情報量の多さに対する認知が高くなれば,知覚された情報源としてのネットコミュニティ品質が高くなる (H2-1)」という仮説については,図4-2の「ブランド情報量の多さに対する認知」から「知覚された情報源としてのネットコミュニティ品質」への矢印の部分の標準化係数は0.52で,5%水準で有意である。また「知覚された発言者品質が高まれば,知覚された情報源としてのネットコミュニティ品質が高くなる (H2-2)」という仮説については,「知覚された発言者品質」から「知覚された情報源としてのネットコミュニティ品質」への矢印の部分の標準化係数は0.52で,5%水準で有意である。仮説H2-1とH2-2については,いずれも支持された。

「知覚された発言者品質が高まれば,知覚されたコミュニケーションの場としてのネットコミュニティ品質が高くなる (H2-3)」という仮説については,「知覚された発言者品質」から「知覚されたコミュニケーションの場としてのネットコミュニティ品質」への矢印の部分の標準化係数は0.47で,5%水準で有意であり,仮説が支持された。

「知覚された情報源としてのネットコミュニティ品質が高まれば,ネットコミュニティ満足度が高くなる (H3-1)」という仮説については,「知覚さ

れた情報源としてのネットコミュニティ品質」から「ネットコミュニティ満足度」への矢印の部分の標準化係数は0.58で，5％水準で有意であり，仮説が支持された。「**知覚されたコミュニケーションの場としてのネットコミュニティ品質が高まれば，ネットコミュニティ満足度が高くなる（H3-2）**」という仮説については，「知覚されたコミュニケーションの場としてのネットコミュニティ品質」から「ネットコミュニティ満足度」への矢印の部分の標準化係数は0.35で，5％水準で有意であり，仮説が支持された。

4-4-2．ROMと発言者についての多母集団分析

次に仮説H4-1，H4-2，H5-1，H5-2の検証を行う。そのために分析対象となるサンプルをROMと発言者の2グループに分割し，多母集団分析を行った。ネットコミュニティ上での発言には様々な種類があるが，ROMとはネットコミュニティ上で「質問」すらしたことのない人であるため，質問の有無をグループ分けの基準とした。全体の344サンプルに対し，「発言経験なし（ROM）」はネットコミュニティでの質問について「発言したことはない」と回答した人であり，125サンプルで36.3％であった。「発言経験あり（発言者）」は，ネットコミュニティでの質問に関して「よく発言する」〜「発言したことはある」までの4段階のいずれかに回答した人であり，219サンプルで63.7％であった。

以上の発言経験の有無を基にして，この2つのグループを用いて多母集団による同時分析を行った。ここでは，仮説モデルで提示した構成概念間の因果性やその強さを比較することが目的なので，構成概念を構成する各観測変数のパス係数に等置制約をおいて，2つのグループ間の因果構造を同時に分析した。その結果，モデルの適合度はCFIが0.85，GFIが0.73，AGFIが0.70であった。両者に上記のような等置制約を課しているため，サンプル全体で分析した場合よりも適合度は落ちている。しかしRMSEAは0.04であるので，このモデルを棄却せずに構成概念間の因果関係を検討する。なお自由度は1853，χ^2は2905である。図4-3では観測変数と誤差変数の記載は省略した。観測変数については表4-4を，共分散の仮定については(注3)を参照されたい。

以下，図4-3に基づき，仮説の検証結果について検討する。ROMについ

①ROMの結果

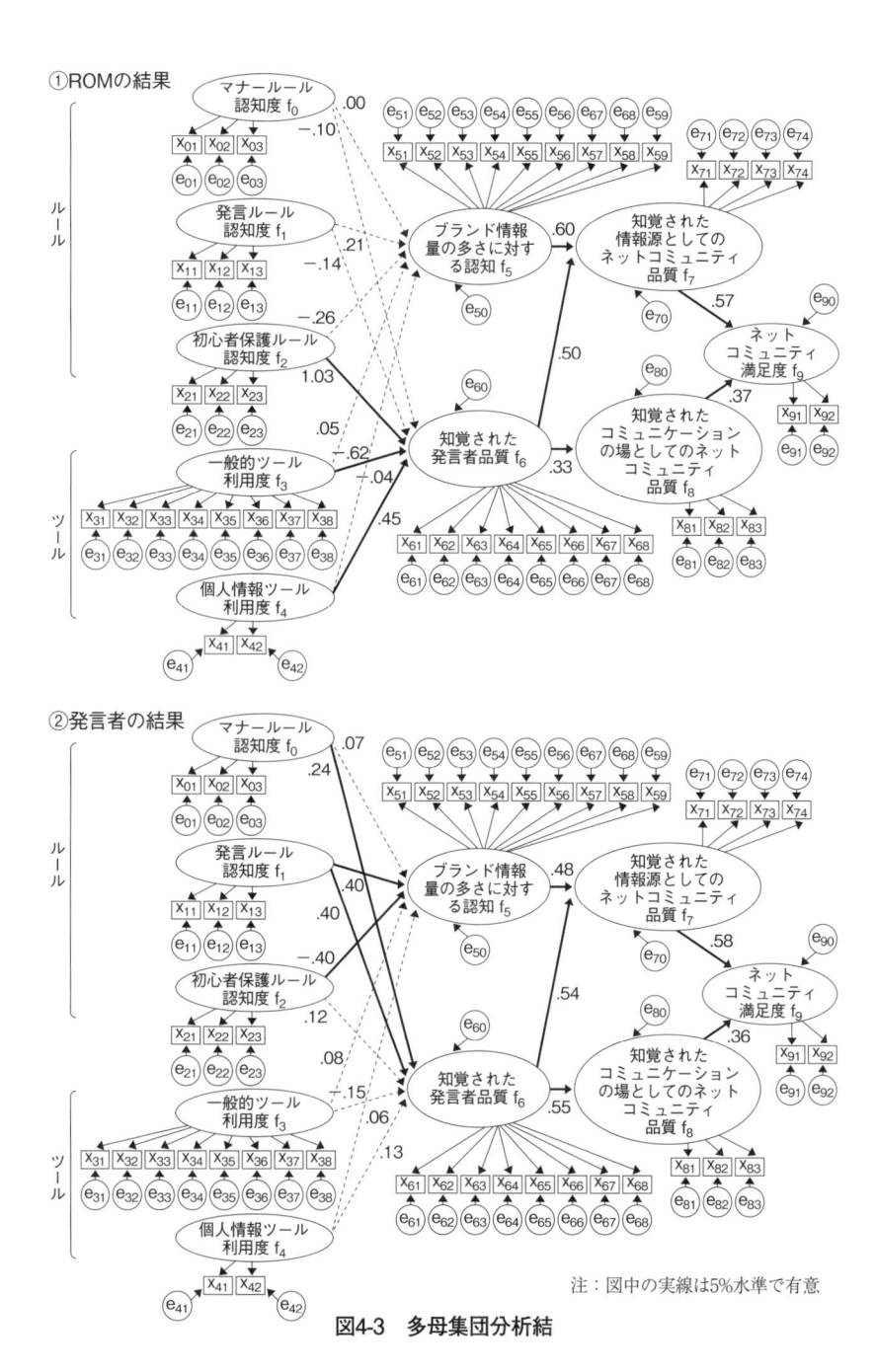

②発言者の結果

注：図中の実線は5%水準で有意

図4-3　多母集団分析結果

ては,「初心者保護ルール認知度」から「知覚された発言者品質」への矢印の部分の標準化係数は1.03,同じく「一般的ツール利用度」からの標準化係数は-0.62,「個人情報ツール利用度」からの標準化係数は0.45であり,いずれも5%水準で有意である(図4-3①)。ただし「一般的ツール利用度」に関しては,全体での分析モデル(図4-2)と同じく仮説とは逆の関係が見出された。一方「マナールール認知度」,「発言ルール認知度」のそれぞれから「知覚された発言者品質」への矢印の部分の標準化係数はいずれも有意ではなかった。また,各ルール認知度やツール利用度から「ブランド情報量の多さに対する認知」への標準化係数は,すべて有意ではなかった。

　よって仮説「ROMの『ブランド情報量の多さに対する認知』は,『ルール認知度』よりも『ツール利用度』の影響をより強く受ける(H5-1)」は支持されなかったが,「ROMの『知覚された発言者品質』は,『ルール認知度』よりも『ツール利用度』の影響をより強く受ける(H5-2)」は概ね支持された。ROMは初心者保護が行き届いている場において,発言者の個人情報を気にしながら,発言者品質を重視してネットコミュニティの場を評価している,というように解釈できる。

　逆に発言者については図4-3②に示す通り,「マナールール認知度」から「知覚された発言者品質」への矢印の部分の標準化係数は0.24,同じく「発言ルール認知度」からの矢印の部分の標準化係数は0.40で,いずれも5%水準で有意である。また「発言ルール認知度」から「ブランド情報量の多さに対する認知」への矢印の部分の標準化係数は0.40,同じく「初心者保護ルール認知度」からの矢印の部分の標準化係数は-0.40で,いずれも5%水準で有意である。ただし「初心者保護ルール認知度」は全体での分析モデル(図4-2)と同じく,「ブランド情報量の多さに対する認知」に対して負の影響を与えている。一方,「マナールール認知度」から「ブランド情報量の多さに対する認知」への矢印,「初心者保護ルール認知度」から「知覚された発言者品質」への矢印,そして2つのツール(「一般的ツール利用度」,「個人情報ツール利用度」)の「ブランド情報量の多さに対する認知」と「知覚された発言者品質」に対する効果は,すべて有意ではない。即ち,マナールールや発言ルールが認知されていれば知覚された発言者品質が向上し,発言ルー

ルが認知されていればブランド情報量の多さに対する認知が高まり，それらの結果としてネットコミュニティ満足度が高まるという構造があることがわかる。よって仮説「発言者の『ブランド情報量の多さに対する認知』は，『ツール利用度』よりも『ルール認知度』の影響をより強く受ける（H4-1）」，「発言者の『知覚された発言者品質』は，『ツール利用度』よりも『ルール認知度』の影響をより強く受ける（H4-2）」は，概ね両方とも支持された。

　以上のように仮説は概ね支持された。仮説の検証結果をまとめたものが表4-5である。

　以上の分析結果は，従来から指摘されていた「ROMから発言者への成長」という現象を説明するものであると考えられる。川浦（1998）は，ネットコミュニティ利用者がROMから発言者を経て長老へと成長していく段階が存在すると報告している。また本研究の調査でも，インターネット利用年数の平均はROM5.9年，発言者6.2年で，発言者の方が経験年数が長く，また毎月のインターネット利用時間の平均も，ROM41.5時間，発言者48.7時間と発言者の方が長い（注4）。ROMは経験を積むことで次第に発言者を評価する能力を身につけ，いずれは自分も発言を行うようになっていくと考えられる。

　ROMから発言者への成長とは，どのような能力を獲得したことになるのだろうか。山岸（1998，1999）は，判断材料が無い場合に他者のことを信頼する程度のデフォルト値として「一般的信頼」を定義している。一般的信頼が高い人は，与えられる情報量が増えるにつれて対象を信頼する度合いが高まっていく。逆に一般的信頼の低い人は，人間関係情報に関心があり，人間関係情報から対象の信頼性を判断することが多い。ただし高学歴であるほど一般的信頼が高くなることなどから，単純な「だまされやすさ」とは異なる。山岸（1998，1999）はこれを「社会的知性」と呼び，価値観のように固定的なものではなく，教育によって向上する能力であるとしている。即ちROMは一般的信頼の低い「社会的びくびく人間」（山岸，1998，1999）に該当すると解釈できる。ROMは発言者の発言内容自体ではなく，ツールを使って，発言者がどんな出自の人間であるかを一生懸命知ろうとする。ROMは発言内容からだけでは発言の信憑性を判断できず，どのような人であるかを知

第4章 ネットコミュニティの盛り上がり

表4-5 仮説の検証結果

	仮説番号	仮説	検証結果	備考
全体モデル	H1-1	ルール認知度が高ければ，ブランド情報認知度が高くなる。	△	発言ルールについては仮説が支持された。マナールールについては仮説が支持されなかった。初心者保護ルールについては，仮説とは逆の関係が発見された。
	H1-2	ツール利用度が高ければ，ブランド情報認知度が高くなる。	×	
	H1-3	ルール認知度が高ければ，知覚された発言者品質が高くなる。	○	
	H1-4	ツール利用度が高ければ，知覚された発言者品質が高くなる。	△	一般的ツール利用度については，仮説とは逆の関係が発見された。個人情報ツール利用度については仮説が支持された。
	H2-1	ブランド情報認知度が高ければ，知覚された情報源としてのネットコミュニティ品質が高くなる。	○	
	H2-2	知覚された発言者品質が高ければ，知覚された情報源としてのネットコミュニティ品質が高くなる。	○	
	H2-3	知覚された発言者品質が高ければ，知覚されたコミュニケーションの場としてのネットコミュニティ品質が高くなる。	○	
	H3-1	知覚された情報源としてのネットコミュニティ品質が高ければ，ネットコミュニティ満足度が高くなる。	○	
	H3-2	知覚されたコミュニケーションの場としてのネットコミュニティ品質が高ければ，ネットコミュニティ満足度が高くなる。	○	
発言者	H4-1	発言者にとっては，ブランド情報認知度への影響は，ツール利用度よりもルール認知度の方が大きい。	○	
	H4-2	発言者にとっては，知覚された発言者品質への影響は，ツール利用度よりもルール認知度の方が大きい。	○	発言ルールによってブランド情報認知度が高まる。
ROM	H5-1	ROMにとっては，ブランド情報認知度への影響は，ルール認知度よりもツール利用度の方が大きい。	×	マナールールと発言ルールによって知覚された発言者品質が高まる。
	H5-2	ROMにとっては，知覚された発言者品質への影響は，ルール認知度よりもツール利用度の方が大きい。	○	初心者保護ルールと個人情報ツールによって知覚された発言者品質が高まる。

87

ることで情報の質の判断を行っている。これに対し発言者は，山岸（1998, 1999）のいう「社会的知性」のある人に対応している。どのような属性の人であるかで人を信じるのではなく，どのような情報発信（発言）をしているかによって人を信じる。

　ROMは経験を積むことで評価能力を獲得し，次第に発言者に移行していく。そのためには本研究で明らかにしたROM向けのルールとツールを用意し，ROMにネットコミュニティ経験を積ませ，発言者への成長を促すことが有効であると考えられる。

4-5　ネットコミュニティのケーススタディ：価格.comと@COSME

　以上の分析結果は2003年時点でのアンケート結果を基にしている。その後ネットコミュニティは消費者の情報収集手段として定着してきており，実際に「ルールとツール」が有効に運用されてきている。2003年時点で特定化したこれらのルールとツールが，現実のネットコミュニティにおいてどのように実現して活用されているかについて，典型的な2つのレビューサイト型ネットコミュニティ「価格.com」，「@COSME」でケーススタディを行う。

　前述のように，本研究のアンケート調査では「最も近い時点で参考にしたネットコミュニティ」の名称を純粋想起で自由記入してもらったところ，2件以上の記載があった4つのサイトのうちの2つが，「価格.com」と「@COSME」である。また，図3-2で示した通り，「ネットコミュニティの情報を参考にして購買・消費した商品」において，男性では「PCのハード，ソフト」，女性では「化粧品」が突出している。このように「価格.com」と「@COSME」は典型的なネットコミュニティであると考えられる。

4-5-1. 価格.com

　「価格.com」は株式会社カカクコムが運営する，パソコン，同周辺機器，家電を中心とする価格比較サイトである（http://kakaku.com）。商品価格

に加えて，各商品の購入者の評価がクチコミとして掲載されている。商品別クチコミだけでなく，カメラ，パソコンといった分野別クチコミがあり，それぞれの分野ごとにある程度メンバーが固定化したネットコミュニティ状態となっている。これまでのクチコミ件数は約950万件にのぼる（2009年7月現在）。

「価格.com」のルールは，http：//kakaku. com/help/bbs_guide. htmに掲示されており，下記の通りである。マナー，発言，初心者保護の各ルールについて，網羅的に規定されている。ルール違反は参加者同士で注意されるなど，比較的よく守られている。しかし「質問する前に，まずできる範囲で調べてみましょう」というルールがあるため，自分で調べるノウハウのない初心者が初歩的質問をした場合に，厳しく注意されるケースがよく見受けられる。また「荒らしや中傷・煽り書き込みは放置」というルールがあるが，やはりこのルールだけで防ぐことはできず，「白熱クチコミ（返信数の多い白熱したクチコミ）」のランキング上位のクチコミの多くは荒らしである。

(1) 基本的なルール＆マナー
- 掲示板の利用は自己責任です
- 読み手を意識した書き込みをお願いします
- 誹謗・中傷・見た人が不快になる書き込みはご遠慮ください！
- 個人情報は絶対に書かないで！
- 書き込む前に，もう一度内容を確認してみましょう
- 伏せ字は使わないでください

(2) 質問のルール＆マナー
- 質問する前に，まずできる範囲で調べてみましょう
- 回答しやすいように，質問内容は具体的かつ簡潔に
- 題名は具体的に！
- 適切なカテゴリに書き込みましょう
- マルチポストは禁止しています
- お礼と結果報告を忘れずに！

(3) 返信のルール＆マナー

- 言葉遣いや表現方法にはご注意ください
- カテゴリと関連のない話題はご遠慮ください
- 他者の書き込みの引用について（行頭に「>」，出典の明記）
- 荒らし書き込みへの対応について（荒らしや中傷・煽り書き込みは放置，削除）

　ツールについては，個人情報ツールとして「プロフィール」があり，発言者がどの分野を得意としているのか，どの分野で貢献してきたのかを評価することができる（http：//kakaku.com/help/profile.htm）。また発言の際には性・年齢別の顔のマークを選択することができ，その基本的なデモグラフィック情報を発言を読む人が判断のベースとすることができる。しかしその他のプロフィールは記載されていないことが多く，当該分野の専門性に関するプロフィールしかないため，発言者を1人の人間として認識して接することができない。この特徴が荒らしを呼んでいる可能性もある。一方，一般的ツールとしては情報の検索機能が優れており，キーワード検索や絞込み検索は使いやすい。また，白熱クチコミ（返信数の多い白熱したクチコミ）ランキング，お気に入りクチコミ登録数ランキング，投稿者ランキング（書き込み数が多いユーザーのランキング）が表示されていて，効率的に有用情報にたどり着くことができる。

　こうしたルールとツールが整備されている掲示板での発言を見ると，まさにすべてが「実体験」情報である。その商品を購買して使用している人の発言であるため，非常に参考になる。購買前の評価に使えるだけでなく，購買後の使用方法についても，質問をすると短時間で的確なアドバイスが返ってくることが多い。質問の際には自分の専門性の程度を表現する「自己開示」発言が多く，その結果質問者の専門性の程度に合わせた表現での「ワントゥワン」アドバイスが多い。

　以上のように「価格.com」はネットコミュニティの「手段的利用」に特化したサイトであり，優れた情報検索機能を特徴としてアクセス数の多いサイトとなっている。また特定商品分野（例えばカメラ）のクチコミ掲示板では「即自的利用」や「創造的利用」も見られる。しかし個人情報の検索機能

が限られるため，メンバー間の信頼を深めていくことがやりにくく，荒らしも目につく状況となっている。今後「価格.com」は個人情報ツールを改善していくことで，さらに「即自的利用」や「創造的利用」でもアクセスを増やし，ブランド・コミュニティ化することでブランド態度形成に寄与し，メーカー側のマーケティング情報収集の場としても活用することが可能ではないかと考えられる。

4-5-2. @COSME

「@COSME」は株式会社アイスタイルが運営するコスメ情報専門サイトである（http：//www.cosme.net）。商品別の購入者の評価情報が検索できる。特徴は使用者の肌質別のクチコミが検索できる点である。また，具体的質問に対して参加者からワントゥワンのアドバイスがあり，双方向のコミュニケーションが成立している。これまでのクチコミ件数は700万件を超えている（2009年7月現在）。

「@COSME」のルールはhttp：//www.cosme.net/html/gid/gid01.html#title03に記載されており，下記の通りである。「価格.com」のルールの特徴は荒らしの禁止であったが，「@COSME」のルールの特徴は，読む人に誤認を与えないようにすることである。対象商品が肌につけるものであるため，リスクの高い商品分野であるからであろう。同時にメーカー側からの営業を目的とした発言も禁止されており，情報の信頼性の向上だけでなく，安全性の担保にも貢献していると考えられる。

(1) クチコミの対象商品の制限
- クチコミに適さない，または，コスメ・美容目的から著しく外れるものは削除
  a) 衣料品（美容に関連することが明確なものを除く）
  b) 処方箋が必要な医薬品及び，コンタクトレンズ等の医療器具
  c) 化粧品用ポーチ以外のバッグ，ファッション小物，アクセサリー
  d) 書籍（書籍に付属する化粧品のサンプル類については可）
  e) 一般販売されていない手作り化粧品や化粧品材料，素材

f) その他，コスメ・美容と関係が薄いと当社が判断したもの
(2) クチコミの内容に関する禁止事項
　● 使用感が記載されていない投稿
　● 第三者の人格や権利を害する内容
　● わいせつ，不潔，残酷な内容や，侮蔑的，迫害的な表現など他人を不快にさせる投稿
　● 日本国の法令や地域の条例に抵触する，またはその恐れのある内容
　● 政治的，宗教的，思想的に極端な偏りや差別がある内容
　● プライバシー情報や，個人を特定し得る可能性のある情報
　● 営利宣伝目的の内容
　● 特定の企業やサイトに直接的に誘導する内容（URLや電話番号など）
　● メンバー間での売買や交換，譲渡に関する内容（有償，無償を問いません）
　● 製造者や販売者の不正な勧誘や強制による投稿
　● クチコミ内で第三者や特定の投稿に直接反応したもので，不特定多数のメンバーの閲覧以外の性格が明白な，コミュニティの趣旨に反していると当社が判断した内容
　● 記号の多用などにより，表示や判読に著しく支障がある表記
　●「@COSME，コスメ・コム総合利用規約」に違反する内容
　● その他，当社で不適切と判断する内容
(3) メーカー・販売関係者の投稿の禁止
(4) 同一商品に対する複数回の投稿の禁止

　ツールについては，個人情報ツールが充実しており，化粧品分野で重要な「年齢」と「肌質」を中心として，愛用ブランドやその他の個人的プロフィール情報がよく入力されている。荒らしの少なさと裏腹の関係であると考えられるが，個人情報の透明性が高いために参加者が相互に信頼できるサイトとなっている。そのほか一般的ツールとしては，下記のようなメニューが用意されている。クチコミの量と質は充実しており，検索も容易である。また「即自的利用」や「創造的利用」も想定したグループがあり，マイページとあわせて参加者の双方向コミュニケーションを促進している。さらに，消費者の

客観的情報だけでなく，プロのアドバイス・コーナーやブランド情報や商品企画室などがあり，メーカーと積極的にタイアップしてのツールが多い。

- クチコミランキング：商品別にお勧め度を表示
- 商品検索・クチコミ検索：ブランド，アイテム，効果などから検索
- グループ：年齢，肌質，地域，嗜好などの共通するメンバーによる掲示板（2000以上）
- マイページ：要チェックリスト，新商品情報，お気に入りメンバー登録など
- ブランド情報：広告を中心とした最新ブランド情報提供
- 商品企画室：アンケートなど消費者の声の収集

「@COSME」では，結果的にクチコミ発言のほとんどすべてが「実体験情報」であり，伝聞情報は少ない。また「自己開示」が盛んで，メンバーの「信頼性」を評価しやすく，「ワントゥワン」アドバイスが豊富に存在する。これらの特徴は，「@COSME」が安全性に注意を払いつつも，消費者同士の交流を重視して発言の量と質の充実を図っているためであると考えられる。またメーカーと消費者との対立構造は希薄であり，メーカーを巻き込んだ積極的なマーティングの場として活用されている。

以上のように，アクセス数が多く，また多くの研究で取り上げられている2つの典型的な著名サイトについて，本研究で抽出したルールとツールが活用されていることが確認できた。

4-6　ネットコミュニティの場の品質を向上させるには

本研究では消費者のネットコミュニティに対する知覚品質と満足度形成に関する仮説モデルを構築し，実証分析を通じてその規定要因の解明を行った。ルールとツールを整備することでブランド情報量の多さに対する認知と知覚

された発言者品質が高まり，その結果，ネットコミュニティの情報源としての品質とコミュニケーションの場としての品質が高まることで，ネットコミュニティ満足度が向上するという構造が見出された。

しかし一方で，厳しすぎるルール（初心者保護ルール）や過剰なツール（入退会管理などの一般的ツール）はむしろ逆効果であることもわかった。初心者保護ルールは行き過ぎると発言を規制することで情報量を減らしてしまう結果になるであろう。また，入退会管理システムや発言削除システム等は，ネットコミュニティ利用者を信頼していない場合に多用される可能性が高いと考えられる。このようなツールが用意されていることによって，ネットコミュニティ利用者にとってかえって信頼性の低いネットコミュニティ利用者しかいないと感じられ，知覚された発言者品質を低めてしまう可能性が見出された。

さらに，発言をしないROMに対しては初心者保護ルールと個人情報ツールを整備することが，発言者に対してはマナールールと発言ルールを整備することが，ネットコミュニティ満足度を向上させるために効果的であることが示された。

このように自社ブランドをテーマにしたネットコミュニティを運営する企業にとっても，ネットコミュニティの運営を本業とする企業にとっても，有効な手法を発見することができた。即ちネットコミュニティ運営者としては，発言者を増やして情報量を増やしたいときには，マナールールと発言ルールを整備して発言者をひきつけ，発言を促し，ネットコミュニティの情報の質と量を向上させることができる。そして情報を広く伝達したいときには，初心者保護ルールと個人情報ツールを整備してROMをひきつけ，ブランド情報を流通させることができる。

従来からネットコミュニティは「荒らし」が多く，企業がマーケティング・コミュニケーション・ツールとして活用するためにはリスクが高かった。発言者の品質を高めるためには，NIFTYserveのフォーラムのように，シスオペ（司会者）が専任で発言の誘導をする必要があり，その人件費をまかなうだけの費用対効果は期待しにくかった。しかし本研究で明らかになったように，「ルールとツール」を適切に整備することにより，司会者がいなくても

ある程度は秩序を維持して発言者の品質を高めることができる。実際に「価格.com」や「@COSME」には明示的な司会者は存在しない。

　ルールとツールの整備によって，ネットコミュニティ運営者は，ネットコミュニティの評価を高めて消費者のアクセスを促し，マーケティング・コミュニケーションのツールとして有効活用することができるようになる。そしてネットコミュニティ運営者は，ROMに経験を積ませることで発言者に成長させ，ネットコミュニティを「安心社会から信頼社会へ」（山岸 1999）発展させていくことができるだろう。

　山本（2005）は化粧品評価サイトにおいて，サイトへのロイヤリティが高いほど，購買に結びつきやすいことを実証している。ルールとツールの整備によってネットコミュニティの知覚品質が向上すると，「サイトロイヤリティ」が高まり，ネットコミュニティ関与が高まると考えられる。その結果，ますますルールが遵守されることになり，ルール違反者はその他のメンバーからチェックされるということになる。こうしたメカニズムが実現すれば，ネットコミュニティの司会者によるマニュアルの運営でなく，自動的に場の品質が維持・向上でき，低コストのネットコミュニティ運営が可能となる。

　本研究ではネットコミュニティ品質と満足度向上の構造を明らかにし，ネットコミュニティの具体的な利用促進方策を呈示した。その結果，従来はコントロールが難しかったネットコミュニティを，マーケティング・コミュニケーションのツールとして有効活用していくための基礎的情報が得られた。

　今後の課題としては第一に，ルール認知度とツール利用度をあげるための，各ルールとツールのセッティング方法の具体化があげられる。山本・石田・太田（2003）の消費者間オンライン取引における評判管理システム（個人情報ツール）の分析では，エージェントベース・アプローチにより，ネガティブ評価システムよりもポジティブ評価システムの方が市場参加者が増加しやすく，協調戦略の方が非協調戦略よりもネットコミュニティの維持には優れている，というシミュレーション結果が出ている。「個人情報ツール」のセッティングによってコミュニケーションの場としての知覚品質が異なり，結果として発言の有無や発言頻度に影響を与えているという解釈が可能である。このように今後は各ルールとツールのセッティングの検討が必要となる。

第二の課題として，発言内容の質の分析がある。本研究ではブランド情報量と発言者品質を取り上げた。今後は，実際に役に立つ発言の内容とは何か，その発言はブランド態度形成や購買意思決定に対してどのようなメカニズムで有効な影響を与えることができるか，そのような発言を促進するにはどうしたらよいか，といった疑問に答える研究が必要になる。

（注1）各因子の信頼性係数（クロンバックの α）は以下の通りである。一般的ツール利用度0.85，個人情報ツール利用度0.84，マナールール認知度0.86，発言ルール認知度0.73，初心者保護ルール認知度0.72，ブランド情報量の多さに対する認知0.79，知覚された発言者品質0.72，知覚された情報源としてのネットコミュニティ品質0.75，知覚されたコミュニケーションの場としてのネットコミュニティ品質0.75，ネットコミュニティ満足度0.87。

（注2）SPSSはStatistical Package for Social Scienceの略であり，最も普及している汎用統計パッケージソフトの1つである。その共分散構造分析用の統計パッケージソフトがAMOS（Analysis of MOment Structures）である。共分散構造モデルではデータとモデルとの適合度を評価する指標が，以下のように複数ある。Goodness of Fit Index（GFI）は最も一般的であり，その改良版としてAdjusted Goodness of Fit Index（AGFI），Comparative Fit Index（CFI）などがあり，またRoot Mean Square Error of Approximation（RMSEA）も利用される。GFI，AGFI，CFIはいずれもモデルがデータに完全に適合している場合に値1をとり，適合が悪くなると0に近づく。概ね0.9以上が望ましいとされる。RMSEAは0.05未満の場合に当てはまりが良いとし，0.1以上の場合には当てはまりが悪く，その中間はグレーゾーンとする。AGFIとRMSEAはパラメータ数の影響を，CFIはケース数の影響を修正したもの。豊田（2002）によれば，観測変数が多い場合にGFIが低くなるが，その他の適合度指標を用いることによって客観的基準をクリアすることができる。

（注3）図4-2，4-3のモデルでの共分散の仮定は以下の通りである。本研究のテーマについては先行研究が乏しいため，分析にあたっては探索的・発見的手法を採用した。そのため事前にモデルに明示的に示すことができなかった因子の存在が予想され，以下の共分散を仮定して分析している。
＜因子間＞発言ルール認知度⇔マナールール認知度，発言ルール認知度⇔初心者保護ルール認知度，マナールール認知度⇔初心者保護ルール認知度，初心者保護ルール認知度⇔一般的ツール利用度，初心者保護ルール認知度⇔個人情報ツール利用度，一般的ツール利用度⇔個人情報ツール利用度。
＜誤差変数間＞「一般的ツール利用度」に関して，入退会管理システム⇔発言削除等管理システム，発言削除等管理システム⇔コメントツリー表示機能，コメントツリー表示

機能⇔過去発言フリーワード検索。「ブランド情報量の多さに対する認知」に関して，ブランド名⇔品質・機能についての良い話，ブランド名⇔品質・機能についての悪い話，ブランド名⇔ブランドの使い方，ブランドの使い方⇔ブランドの利用シーン，ブランドの利用シーン⇔ブランドの利用者イメージ，ブランドの利用者イメージ⇔ブランドの理念・主張，ブランドの理念・主張⇔ブランドの歴史・由来。「知覚された発言者品質」に関して，実体験発言をする人⇔発言が信じられる人，趣味・嗜好が似ている人⇔共感できる発言をする人，尊敬できる人⇔リアルワールドでも会いたい人。「知覚された情報源としてのネットコミュニティ品質」について，情報量が多い⇔信憑性が高い。「知覚された情報源としてのネットコミュニティ品質」⇔「知覚されたコミュニケーションの場としてのネットコミュニティ品質」。

(注4) インターネット利用年数の平均は，発言者6.2年，ROM5.9年で，その差は5%である。毎月のインターネット利用時間の平均は，発言者48.7時間，ROM41.5時間で17%の差がある。一方毎月のネットコミュニティ接触回数の平均は，発言者15.6回，ROM15.9回で差は1%しかない。発言者はROMと比べてネットコミュニティ経験が豊富であるが，ROMであっても発言者と同等程度の頻度で情報をチェックしにきているということが予想され，ROMにとってもネットコミュニティは重要な情報チャネルとなっている可能性がある。

第5章
ネットコミュニティの
マーケティング効果

5-1　クチコミはなぜ信頼できるのか

　本章は3つめの研究課題である，ネットコミュニティのブランド態度形成効果を実証することを目的とする。第4章では，ルールとツールを用意することで，発言を促進してブランド情報量を増やし，また発言者の評価をするなどして発言内容の品質を高めることで，ネットコミュニティ品質が向上して利用者の満足度を向上させることができることを明らかにした。その上で本章では，具体的にどのような内容の発言について品質が高いと評価され，ブランド態度形成に効果があるかについて分析する。

　ネットコミュニティでは参加者同士の「顧客間インタラクション」（國領 1997）により共感が形成され，そこで話題となっている商品・ブランドへのコミットメントを強めていくという，他のメディアにはない特徴があるとされている。

　また片平（1999a, 1999b）のいうように，ブランドとはファンが集って「クラブ」を形成し，皆で企業を支援している状態である。同様に Muniz & O'guinn (2001) は，「ブランド・コミュニティ」が形成されることによって，ブランドと消

費者との一体感が長期に維持されると報告している。インターネット等の情報ネットワークが発達した今日においては，ネットコミュニティがブランド・コミュニティの場となっている。

しかし一方でネットコミュニティでのクチコミ情報は「周辺的手がかり」（Petty & Cacioppo 1983）であり，そこで形成される「周辺的・感情的態度」は「中心的・認知的態度」に比べて相対的に弱い態度形成であるとも考えられる。そこで本章では，ネットコミュニティが利用者のブランド態度形成に与える影響のメカニズムを解明することによって，マーケティング・コミュニケーション・ツールとしての効果を検証する。

5-2　利用経験者の発言，ワントゥワン発言，信頼できるメンバーと自己開示

以上の問題意識の下，実証研究のための仮説モデルを構築する（図5-1）。
ネットコミュニティでは発言者の匿名性が高いため，発言内容の信憑性をその他の情報から判断する。ネットコミュニティにおいて信憑性が高いと判

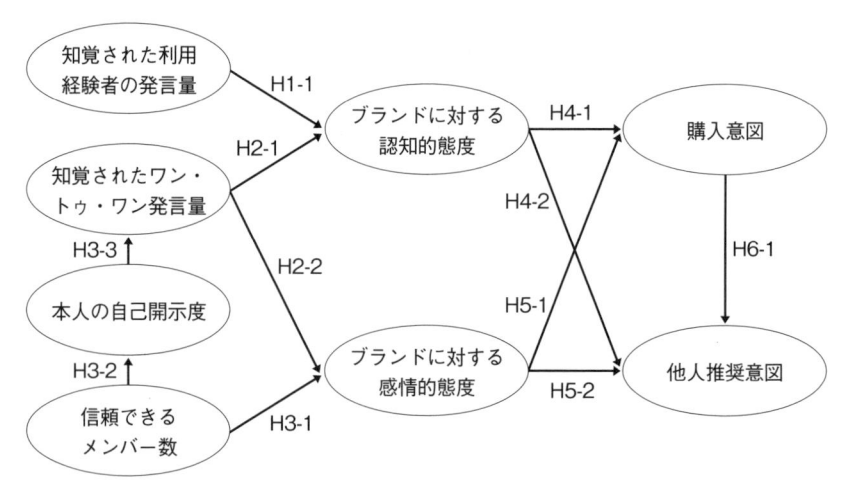

注：図中の番号は仮説番号である。

図5-1　仮説モデル

断される情報は商品利用経験者の発言であり，聞き手の自己開示を前提としたワントゥワンでの推奨発言であり，その他の情報から信頼できると判断できるメンバーの発言であると仮定する。こうしたネットコミュニティの特殊性を踏まえ，ブランド態度形成を規定する変数群として，①利用経験者の発言（メッセージの内容），②ワントゥワン発言（メッセージの内容），③信頼できるメンバーと自己開示（情報源，チャネル）の3つの変数群を取り上げる。以下に各仮説について詳述する。

5-2-1. ブランド態度

　前述の3つの変数群によって説明される被説明変数が，ブランド態度に関する変数である。消費者の購買態度とは，対象となる商品に対する「認知的成分」「感情的成分」「行動的成分」の3成分からなる評価の全体である（Wilkie 1994）。Fishbein & Ajzen（1975）が購買意思決定過程を信念，態度，意図・行動の3段階に区別したように，狭義の態度は上記の感情的成分に相当するが，本研究では態度研究の今日的手法に則り上記3成分全体を購買態度として捉えることにする。なお以下ではブランド態度の認知的成分を「認知的態度」と呼び，感情的成分を「感情的態度」と呼ぶ。また行動的成分については，「購入意図」と「他人推奨意図」に分解して捉える。

5-2-2. 利用経験者の発言

　一般に信憑性の高い情報源から発せられたメッセージを受け取ると，その内容に沿った形で態度を変容させやすい。この「情報源の信憑性（source credibility）」は「専門的な知識があること（専門性）」と「特定の意図がなく，誠実で信頼できること（信頼性）」に分解することができる（Hovland & Weiss 1951）。

　ネットコミュニティで専門性の高い発言は，報告・体験情報（古川 1993），利用経験者の発言（宮田 1997），ユーザー評価情報（宮田 2000）である。なぜならネットコミュニティの参加者は匿名性が高いため，専門性の判断が困難であり，実際の利用経験が専門性の証となるからである。ここでは「利用経験者の発言」を商品の利用経験のある人によるユーザー評価情報

と定義し，以下の仮説を設定する。

H1-1　情報の受け手にとって知覚された利用経験者の発言量が多いほど認知的態度が強くなる。

5-2-3. ワントゥワン発言

一方，ネットコミュニティで信頼性の高い発言はワントゥワン（Peppers & Rogers 1993）での推奨を行う発言に相当する。ワントゥワン発言とは，聞き手の個人的属性，ニーズ，状況などに着目し，「あなたにはこのブランドが合っている，その理由は〜」という個別対応型の形態でアドバイスや説得を行う発言である。ネットコミュニティではその双方向性という特徴から，インタラクティブな会話によって相手のニーズに合わせたワントゥワンのレコメンデーションが実現しやすい。ワントゥワン発言は情報の受け手に視点を置いた発言であるため，情報発信者側の意図を混入する余地が少なく，誠実な発言として捉えられる。例えばHaubl & Trifts（2000）によれば，顧客のニーズに合わせたワントゥワンのレコメンデーション・エージェントのサービスの効果は，その他のサービス（製品属性を比較できるコンパリソン・マトリクス）よりも相対的に大きいことが実証されている。このことから以下の仮説を設定する。

H2-1　情報の受け手にとって知覚されたワントゥワン発言量が多いほど認知的態度が強くなる。

また，一般的にワントゥワン発言では，ブランドの特性と勧められている人の特性との類似性に言及することが多い。よって情報の受け手にとってはブランドと自分との類似性の認知を促進しやすく，ブランドに対する共感を生みやすいとされている。よって以下の仮説を設定する。

H2-2　情報の受け手にとって知覚されたワントゥワン発言量が多いほど感情的態度が強くなる。

5-2-4. 信頼できるメンバー数と自己開示

信頼できるメンバーが多ければネットコミュニティ内で仲間意識が発生し，ブランドを支えるメンバーに対する信頼がブランドに対する共感を促進

することになると考えられる。例えば前章の研究でも、信頼できるメンバーがいれば、ネットコミュニティのコミュニケーションの場としての品質が高まって発言が促進されるだけでなく、同時にネットコミュニティの情報源としての品質も高まることが判明している。なお対人信頼性の判断の基となる情報は、①相手の一般的な人間性、②相手が自分に対してもっている感情や態度、③相手にとっての誘因構造、の3種類である（山岸 1998）。このことから以下の仮説をおくことができる。

H3-1　信頼できるメンバー数が多いほど感情的態度は強くなる。

　先に述べたようにネットコミュニティはインタラクティブな場であるため、質問をすれば各種のアドバイス情報が返ってくる。臨床心理学やカウンセリングの分野では、カウンセリングの必要条件の1つとしてクライアントの自己開示があげられている（國分 1998）。クライアントがカウンセラーやセラピストを信頼して個人情報を開示すれば、ワントゥワンで的確なアドバイスや援助が可能となる。ネットコミュニティでも個人情報を公開する自己開示発言が観察される（川浦 1998）。よって以下の仮説を置く。

H3-2　信頼できるメンバー数が多いほど本人の自己開示度が高くなる。
H3-3　本人の自己開示度が高くなるほど知覚されたワントゥワン発言量が多くなる。

5-2-5. ブランド態度形成

　精緻化見込みモデル（Petty & Cacioppo 1983）では、消費者が企業からのメッセージを精緻化できる場合には製品の品質や性能といった本質的な情報を手がかりとしてその製品に対する態度が形成される（「中心的ルートによる態度形成」）のに対し、精緻化の見込みが小さければ「周辺的ルートによる態度形成」がおこる。後者では企業名や推奨者といった、周辺的で表層的な情報を手がかりとして態度が形成され、従来はネットコミュニティでの会話のようなクチコミは後者の典型であると捉えられがちであった。しかし第3章で分析したように、ネットコミュニティの情報を参考にする人は他のメディアではあきたらず、わざわざ専門家の話を聞きたいという切実なニーズを持っている人であり、むしろ相対的にはメッセージの精緻化が可能な状

態である。このようにネットコミュニティにおいてはメッセージの精緻化が行われ，認知的態度が形成されて，ブランド態度形成の行動的成分（購入意図と他人推奨意図）が形成されることになる。これらのことから以下の仮説を設定する。

H4-1　認知的態度が強いほど購入意図が高くなる。
H4-2　認知的態度が強いほど他人推奨意図が高くなる。

　一方で感情的態度も購入意図に影響を与える。Muniz & O'guinn（2001）は「ブランド・コミュニティ」には①仲間意識（正統性，対決ブランド），②儀式と伝統（歴史の賞賛，物語の共有），③倫理的責任（メンバーの統合・維持，製品使用の援助）の3つの特徴があるとしている。またKeller（2003）もブランド・レゾナンス（共鳴）という形でブランドにコミュニティ意識の存在を指摘している。また片平（1999a）は，20年以上市場にあって世界中の消費者と専門家が認める「パワーブランド」には「夢」があり，「仲間に入ってみたいクラブ」的な要素があるとしている。すなわちブランド力のあるブランドにはブランドと消費者との感情的一体感が存在しており，特に継続的な購入意図の形成には認知的態度だけではなく，感情的態度が重要であると考えられる。そしてこの感情的態度の中核はブランドに対する共感（感情の共有）であり，その背景には自分と他者との類似性の認知が存在する（Davis 1994;澤田 1992）。共感は向社会性活動（援助活動）を促進するため，ブランドに対する支援活動，すなわち他人へのブランドの推奨行動を促進する。これはネットコミュニティの波及効果として指摘されている（小川・佐々木・津田・吉松・國領 2003）。以上から以下の2つの仮説を設定する。

H5-1　感情的態度が強いほど購入意図が高くなる。
H5-2　感情的態度が強いほど他人推奨意図が高くなる。

　なおクチコミは購入経験者による非経験者への推奨という形を取ることが多いと考えられるため以下の仮説も設定する。

H6-1　購入意図が高いほど他人推奨意図が高くなる。

5-3 分析の方法

5-3-1. 調査対象と調査方法

　調査対象は，ビデオリサーチ社のインターネット調査パネルより，インターネットユーザーの中から，性・年齢でサンプルの割りつけをして層化二段階抽出を行った。具体的には，男女それぞれ15〜19歳の層に10%程度のサンプルを，20〜49歳までのそれぞれ5歳刻みの層に15%程度のサンプルを割りつけた。対象サンプルに対してWebによるアンケートを実施した。調査時期は2003年3月である。その結果，1,079サンプルから回答を得た。その中からネットコミュニティを実際の商品選択に利用したことのある人のみ抽出したところ，最終的には344の有効サンプルを得た（注1）。

5-3-2. 測定尺度

　図5-1のモデルを構成する変数は潜在因子である。各潜在因子は直接的には測定不能な潜在変数であり，測定誤差を伴う複数の観測変数を用いて測定できると仮定する。各観測変数はいずれもWebアンケート調査の質問項目である。

　「知覚された利用経験者の発言量」の観測変数は，古川（1993），宮田（1997，2000）を参考に，以下の4つの観点から捉えた。すなわち①実体験発言をするメンバー数，②実体験発言の役立度，③「私はこうしている」という発言の役立度，さらにネットコミュニティでは利用経験者の発言は「専門性」の指標であるため，④「一般にこうしている人が多い」という，専門家としての客観的な発言についての役立度も変数として取り上げた。①は「ほとんどの人がそうだった」〜「そういう人はほとんどいなかった」の5段階尺度，②〜④はいずれも「役に立った」〜「役に立たなかった」の5段階尺度で測定した。

　「知覚されたワントゥワン発言量」はPeppers & Rogers（1993），Haubl & Trifts（2000）を参考に，①私の状況・ニーズを踏まえた具体的発言の役立度，②「あなたはこうした方がよい」という積極的アドバイスの役立度，

により測定した。また，相手と類似していて好意を持つがゆえに特定の「あなた」に向けた言葉が発せられると考えられるため，③趣味・嗜好が類似する人の発言の役立度，④自分に好意を持つ人の発言の役立度，も取り上げた。いずれも「役に立った」〜「役に立たなかった」の5段階尺度で測定した。

信頼は共感に基づき，共感とは類似性の認知と感情の共有（Davis 1994；澤田 1992）である。また山岸（1998）によれば，信頼性の基礎は人格，自分に対する感情・態度，相手の誘因構造である。よって「信頼できるメンバー数」は，①趣味・嗜好が類似する人，②共感できる発言をする人，③リアルワールドでも会いたい人，④信じられる人，⑤尊敬できる人，の5変数で測定した。いずれも「ほとんどの人がそうだった」〜「そういう人はほとんどいなかった」の5段階尺度で測定した。

「本人の自己開示度」は臨床心理学やカウンセリングの分野の概念である。國分（1998）は自己開示の内容として「感情，主張，属性」をあげている。これを参考に，①趣味・嗜好，②専門性，③性・年齢・身体的特徴，④所属集団・地位，⑤家族・居住地域，⑥性格，の6変数で測定した。いずれも「かなりの情報を開示した」〜「ほとんど開示しなかった」の5段階尺度で測定した。

「認知的態度」はWilkie（1994）に倣って次の5つの変数で測定した。①ブランドの良い点と悪い点の理解，②ブランドの品質・機能の検討，③商品の必要性の理解，④自分に合っているブランドの特定，及び⑤認知的不協和低減である。ここで⑤はFestinger（1957）の認知的不協和に相当し，過去の商品選択の正しさの検証も認知的態度であると仮定した。いずれも「あてはまる」〜「あてはまらない」の5段階尺度で測定した。

「感情的態度」は，Schmitt（1999）の5つの「経験価値」やBarlow & Maul（2000）のemotional valueに相当するものである。先述のようにブランドに対する類似性認知と感情の共有がブランド共感を生む。よって「感情的態度」は，①特定ブランドの主張と自分の考えの類似性の認知度，②特定ブランドの主張に対する共感度，によって測定した。またFishbein & Ajzen（1975）の「社会規範」に相当するものとして，③特定ブランド購買に関する社会規範意識，も変数として取り上げた。いずれも「あてはまる」

〜「あてはまらない」の5段階尺度で測定した。

態度の行動的成分である「購入意図」は，①特定ブランドへの好意，②特定ブランドの購入意図，③特定ブランドの継続購入意図，に関する変数で測定した。いずれも「あてはまる」〜「あてはまらない」の5段階尺度で測定した。

「他人推奨意図」は当該ネットコミュニティに限定されない。よって①ネットコミュニティでの推奨だけでなく，②メール等ネットメディアでの推奨や③リアルワールドでの推奨といった観測変数でも測定した。いずれも「たくさんやった」〜「ほとんどやらなかった」の5段階尺度で測定した。

以上の潜在変数についての定義を表5-1に示す。

表5-1　潜在変数の定義

潜在変数	定義
知覚された利用経験者の発言量	商品の利用経験のある人によるユーザー評価発言の量。
知覚されたワン・トゥ・ワン発言量	聞き手の個人的属性，ニーズ，状況などに着目した，個別対応型のアドバイスや説得を行う発言の量。
信頼できるメンバー数	相手の一般的な人間性，相手が自分に対してもっている感情や態度，相手にとっての誘因構造，の3つの視点からの対人信頼性が高いメンバーの数。
本人の自己開示度	本人から開示された，趣味・嗜好，専門性，性・年齢・身体的特徴，所属集団・地位，家族・居住地域，性格といった個人情報の量。
ブランドに対する認知的態度	ブランド態度の認知的成分で，特定ブランド商品の品質・機能や必要性に関する肯定的評価の程度。
ブランドに対する感情的態度	ブランド態度の感情的成分で，特定ブランド商品に対する共感度や規範適合度に関する肯定的評価の程度。
購入意図	ブランド態度の行動的成分で，特定ブランド商品に対する購入意図。
他人推奨意図	ブランド態度の行動的成分で，特定ブランド商品に対する他人推奨意図。

5-4 分析結果：ブランド態度形成効果

仮説モデルに基づいて共分散構造分析を行った。図5-2は以上の8個の潜在変数による共分散構造分析の結果としての検証モデルである。モデル式は以下の通りである。

〈構造方程式〉
$f_7 = a_{74}f_4 + a_{75}f_5 + a_{76}f_6 + e_{70}$
$f_6 = a_{64}f_4 + a_{65}f_5 + e_{60}$
$f_5 = a_{51}f_1 + a_{52}f_2 + e_{50}$
$f_4 = a_{40}f_0 + a_{41}f_1 + e_{40}$
$f_3 = a_{32}f_2 + e_{30}$
$f_1 = a_{12}f_3 + e_{10}$

〈測定モデル〉

$x_{01} = a_{01}f_0 + e_{01}$	$x_{21} = a_{21}f_2 + e_{21}$	$x_{41} = a_{41}f_4 + e_{41}$	$x_{71} = a_{71}f_7 + e_{71}$
$x_{02} = a_{02}f_0 + e_{02}$	$x_{22} = a_{22}f_2 + e_{22}$	$x_{42} = a_{42}f_4 + e_{42}$	$x_{72} = a_{72}f_7 + e_{72}$
$x_{03} = a_{03}f_0 + e_{03}$	$x_{23} = a_{23}f_2 + e_{23}$	$x_{43} = a_{43}f_4 + e_{43}$	$x_{73} = a_{73}f_7 + e_{73}$
$x_{04} = a_{04}f_0 + e_{04}$	$x_{24} = a_{24}f_2 + e_{24}$	$x_{44} = a_{44}f_4 + e_{44}$	
$x_{11} = a_{11}f_1 + e_{11}$	$x_{25} = a_{25}f_2 + e_{25}$	$x_{45} = a_{45}f_4 + e_{45}$	
$x_{12} = a_{12}f_1 + e_{12}$	$x_{31} = a_{31}f_3 + e_{31}$	$x_{51} = a_{51}f_5 + e_{51}$	
$x_{13} = a_{13}f_1 + e_{13}$	$x_{32} = a_{32}f_3 + e_{32}$	$x_{52} = a_{52}f_5 + e_{52}$	
$x_{14} = a_{14}f_1 + e_{14}$	$x_{33} = a_{33}f_3 + e_{33}$	$x_{53} = a_{53}f_5 + e_{53}$	
	$x_{34} = a_{34}f_3 + e_{34}$	$x_{61} = a_{61}f_6 + e_{61}$	
	$x_{35} = a_{35}f_3 + e_{35}$	$x_{62} = a_{62}f_6 + e_{62}$	
	$x_{36} = a_{36}f_3 + e_{36}$	$x_{63} = a_{63}f_6 + e_{63}$	

各潜在変数により説明される観測変数とその標準化係数は表5-2の通りである。すべての係数は有意水準1%で有意である。なお各潜在変数の信頼性係数（クロンバックのα）はすべて0.65以上であることを確認した（注2）。

対象となるサンプルはネットコミュニティを商品購買の参考にした経験のある344である。適合度については，CFI = .85，GFI = .82，AGFI = .78，RMSEA = .07である。豊田（2002），南風原（2002）に示されている適合度の目安を若干下回っており，その点ではデータから作成した共分散行列との適合度は決して高くはない。ただし後述するように潜在変数間の関係には仮

第5章　ネットコミュニティのマーケティング効果

図5-2　検証モデル

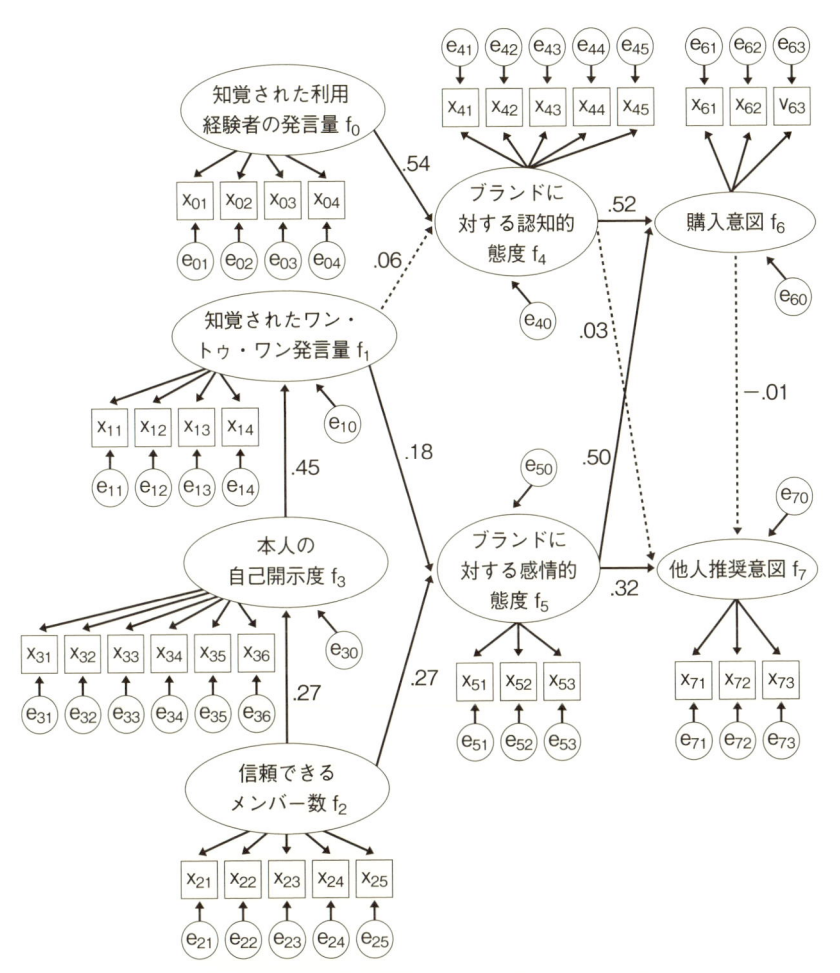

注：n=344，CFI=.85，GFI=.82，AGFI=.78，RMSEA=.07，自由度=471，χ^2=1253。
　　矢印に付した数字は標準化係数。点線は10%水準でも有意ではない。その他は全て1%水準で有意。
　　図中で観測変数と誤差変数の記載は省略した。観測変数については表5-2に記載した。共分散の仮定等については（注3）を参照されたい。

定した構造が有意に現れており，現実のネットコミュニティでの態度形成メカニズムの1つの側面を表しているモデルであると解釈できる。

検証モデル（図5-2）のパスは，3つのパスだけが10%水準でも有意とならなかった。その他のパスはすべて1%水準で有意であった。

表5-2 潜在変数から観測変数への標準化係数

潜在変数		観測変数	標準化係数	検定統計量
知覚された利用経験者の発言量 f_0	x_{01}	「私はこうしている」という個人的発言が役立った	0.78	5.35
	x_{02}	「一般にこうしている人が多い」という客観的発言が役立った	0.63	5.30
	x_{03}	実体験に基づく発言が役立った	0.55	5.75
	x_{04}	自分の実体験に基づくと思われる発言をする人の人数	0.36	—
知覚されたワン・トゥ・ワン発言量 f_1	x_{11}	私に好意を持っている人の発言が役立った	0.83	—
	x_{12}	私の状況やニーズを踏まえての具体的な発言が役立った	0.69	10.48
	x_{13}	「あなたはこうした方がよい」という積極的なアドバイスが役立った	0.57	6.37
	x_{14}	自分と同じ趣味・嗜好を持った人の発言が役立った	0.48	5.82
信頼できるメンバー数 f_2	x_{21}	私が共感できる発言をする人	0.83	8.48
	x_{22}	自分と趣味・嗜好が似ている人	0.70	8.24
	x_{23}	発言が信じられる人	0.55	7.24
	x_{24}	尊敬できる人	0.52	—
	x_{25}	ネットコミュニティだけでなく、リアルワールドでも会いたい人	0.41	8.03
本人の自己開示度 f_3	x_{31}	自分の性格について	0.86	—
	x_{32}	自分の家族や居住地域などの生活環境について	0.84	19.71
	x_{33}	自分の所属する集団(会社・学校)や地位について	0.84	19.68
	x_{34}	自分の性・年齢や身体的特徴について	0.84	19.39
	x_{35}	自分の趣味や嗜好について	0.75	17.30
	x_{36}	自分の専門性について	0.71	15.15
ブランドに対する認知的態度 f_4	x_{41}	どの商品(ブランド)が自分に合っているかが分かった	0.77	7.84
	x_{42}	各商品(ブランド)の良い点と悪い点がわかった	0.62	7.30
	x_{43}	各商品(ブランド)の品質・機能についての検討をした	0.60	8.03
	x_{44}	その商品分野の商品が必要だと思うようになった	0.50	—
	x_{45}	過去に買ったことのある特定の商品(ブランド)について、自分の選択は正しかったと思った	0.38	5.45
ブランドに対する感情的態度 f_5	x_{51}	特定の商品(ブランド)の主張に共感できた	0.92	18.35
	x_{52}	特定の商品(ブランド)の主張と自分の考えとは似ていると思った	0.86	—
	x_{53}	特定の商品(ブランド)を買うことは、自分の属する集団や社会では良いことだと考えられていると思った	0.49	9.28
購入意図 f_6	x_{61}	特定の商品(ブランド)が好きになった	0.75	10.59
	x_{62}	特定の商品(ブランド)を買ってみたくなった	0.67	9.89
	x_{63}	特定の商品(ブランド)を今後も利用し続けたいと思った	0.66	—
他人推奨意図 f_7	x_{71}	メール等のネットメディアで、特定の商品(ブランド)を他の人に勧めた	0.85	11.22
	x_{72}	そのネットコミュニティで、特定の商品(ブランド)を他の人に勧めた	0.72	—
	x_{73}	ネットメディア以外のリアルワールドで、特定の商品(ブランド)を他の人に勧めた	0.67	10.77

以下では図5-2を基に，前半で設定した各仮説の検証結果について述べる。まず，商品の利用経験者の発言量が多いほど認知的態度が強くなることが確認された（標準化係数は0.54）。匿名性の高いネットコミュニティにおいては，発言の内容だけでその信憑性を判断しなければならない。ネットコミュニティにおいて「専門的な知識があること」を保証するものは，実際のその商品を使用したという経験が唯一である。よって**仮説H1-1「情報の受け手にとって知覚された利用経験者の発言量が多いほど認知的態度が強くなる」は支持された**と考えられる。

次にワントゥワン発言の効果である。ワントゥワン発言量が多いほど認知的態度が強くなるとはいえなかったが（標準化係数は0.06），感情的態度が強くなることが実証された（標準化係数は0.18）。一般のホームページのサービスにおける実証研究（Haubl &Trifts 2000）では，ワントゥワン・サービスによる購入意図の高まりが報告されていた。しかしネットコミュニティにおいてブランドの性能認知などの認知的態度に影響を与える要因は前述の利用経験者の発言のみであり，ブランドに対する共感などの感情的態度に影響を与える要因はワントゥワン発言である，というように発言種類別の役割分担が明確になったことは興味深い。このように**仮説H2-1「情報の受け手にとって知覚されたワントゥワン発言量が多いほど認知的態度が強くなる」は支持されず**，**仮説H2-2「情報の受け手にとって知覚されたワントゥワン発言量が多いほど感情的態度が強くなる」は支持された**と考える。

第三に信頼できるメンバー数の影響について検討する。信頼できるメンバー数が多いほど感情的態度が強くなることが確認できた（標準化係数は0.27）。やはり信頼できるメンバーの存在によって同じブランドを使用する者としての仲間意識が発生し，ブランドを支えるメンバーに対する信頼がブランドに対する共感を促進することになるようである。これはMuniz&O'guinn（2001）の「ブランド・コミュニティ」で観察されたメカニズムと同じである。よって**仮説H3-1「信頼できるメンバー数が多いほど感情的態度は強くなる」は支持された**といえよう。また，信頼できるメンバー数が多いほど本人の自己開示度は高くなり（標準化係数は0.27），自己開示度が高いほどワントゥワン発言量は多くなる（標準化係数は0.45）という関係が実証

できた。臨床の現場でクライアントがカウンセラーやセラピストを信頼して自己の状況を開示すれば，カウンセラーやセラピストはワントゥワンで的確なアドバイスや援助が可能となる。特にネットコミュニティの匿名環境における信頼の重要性が改めて実証された。このように**仮説H3-2「信頼できるメンバー数が多いほど本人の自己開示度が高くなる」**，**仮説H3-3「本人の自己開示度が高くなるほど知覚されたワントゥワン発言量が多くなる」は支持された**と考える。

第四に態度と意図の関係について検討する。購入意図は仮説通り，認知的態度と感情的態度の両方から影響を受けていた（標準化係数はそれぞれ0.52, 0.50）。ネットコミュニティの情報を参考にする人は相対的にメッセージの精緻化（Petty & Cacioppo 1983）が可能な人であり，利用経験者の発言を基に認知的態度を形成し，購入意図が高まる。同時に信頼できるメンバーのワントゥワン発言によって，Muniz & O'guinn（2001）が注目したブランド・コミュニティ状態が実現し，感情的態度が形成され，購入意図が高まることになる。このように購入意図を高めるには，認知的態度と感情的態度の両方が必要であることが判明した。よって**仮説H4-1「認知的態度が強いほど購入意図が高くなる」**と**仮説H5-1「感情的態度が強いほど購入意図が高くなる」は支持された**。しかし他人推奨意図については仮説の一部が支持されなかった。即ち，感情的態度が強いほど他人推奨意図が高くなったが（標準化係数は0.32），認知的態度が強ければ他人推奨意図が高くなるとはいえなかった（標準化係数は0.03）。性能がよいと思っても他人に推奨することはなく，ブランドに対する愛着がなければ他人に推奨しないということである。ブランドに対する客観的信頼だけではクチコミを期待できず，ブランドに対する感情的な愛着を喚起しなければいけないわけであり，感情的態度に着目したブランド・マーケティングの重要性が改めて認識された。よって**仮説H4-2「認知的態度が強いほど他人推奨意図が高くなる」は支持されなかった**が，**仮説H5-2「感情的態度が強いほど他人推奨意図が高くなる」は支持された**。

最後に，購入意図が高まっても他人推奨意図が高くなるとはいえなかった（標準化係数は－0.01）。この結果を見ると，「自分で買いたいとも思わない

のに他人に勧める」というような，一見無責任なネットコミュニティユーザー像が想像されかねない。実際に，ネットコミュニティでの消費者参加型の新商品開発を行って発売したにもかかわらず，そのネットコミュニティ参加者が必ずしも新商品を購入しなかったという実務界でのケースも存在する。しかし客観的に自分に合ったブランドであるかどうかは別として，そのブランドに共感した場合には他人にブランド情報を提供するという行動自体は，一概に無責任であるとはいえない。なぜなら本モデルで検証したように，他人に推奨するには自分で買ったことのある利用経験者の発言でなくては効果がない。よって買いたい人（購入意図の高い人）ではなく，買ったことのある人だけが効果的な他人推奨を行うことになる。購入意図の高い人が実際に購入した後に，商品の利用経験を積んで，その後にブランド愛着（感情的態度）に裏打ちされた他人推奨を行うというサイクルが予想される。このよう

表5-3 仮説の検証結果

仮説番号	仮説	検証結果
H1-1	知覚された利用経験者の発言量が多いほどブランドに対する認知的態度が強くなる。	○
H2-1	知覚されたワン・トゥ・ワン発言量が多いほどブランドに対する認知的態度が強くなる。	×
H2-2	知覚されたワン・トゥ・ワン発言量が多いほどブランドに対する感情的態度が強くなる。	○
H3-1	信頼できるメンバー数が多いほどブランドに対する感情的態度は強くなる。	○
H3-2	信頼できるメンバー数が多いほど本人の自己開示度が高くなる。	○
H3-3	本人の自己開示度が高くなるほど知覚されたワン・トゥ・ワン発言量が多くなる。	○
H4-1	ブランドに対する認知的態度が強いほど購入意図が高くなる。	○
H4-2	ブランドに対する認知的態度が強いほど他人推奨意図が高くなる。	×
H5-1	ブランドに対する感情的態度が強いほど購入意図が高くなる。	○
H5-2	ブランドに対する感情的態度が強いほど他人推奨意図が高くなる。	○
H6-1	購入意図が高いほど他人推奨意図が高くなる。	×

に仮説H6-1「購入意図が高いほど他人推奨意図が高くなる」は支持されなかったが、ネットコミュニティの効果が否定されたわけではない。

以上の検証結果をまとめたものが表5-3である。このようにネットコミュニティのブランド態度形成に対する効果が検証できた。

5-5 ネットコミュニティのマーケティング効果を発揮させるには

5-5-1. 実務的インプリケーション

以上のように、本研究の仮説モデルの構造は概ね妥当であることが検証された。即ち、ネットコミュニティのブランド態度形成のメカニズムが検証できた。以下では企業のマーケティング担当者の立場に立ち、実務的に注目される点について述べる。

第一に利用経験者のユーザー評価情報を流通させることは重要であり、利用経験者の発言が購入意図を増加させることがわかった。匿名性の高いネットコミュニティでは信憑性(専門性)の証は利用経験者の発言である。ネットコミュニティ運営者やブランドマネージャーが、メンバーに対して利用経験者の発言を開示するよう促すことが、認知的態度形成を促進し、購入意図を増大させることにつながる。

第二に「メンバーへの信頼」と「ワントゥワン発言」がブランドに対する共感等の感情的態度を形成する。情報の受け手の状況とニーズにぴったり合ったブランドをワントゥワンでアドバイスすることが、信頼性の高い情報であり、情報の受け手とブランドとの類似性を認識させて共感をも生むわけである。ネットコミュニティでは双方向コミュニケーションにより、発言者同士が互いの状況やニーズを次第に学習していくため、ワントゥワン・コミュニケーションを生みやすい構造を持つ。この学習過程の促進には「自己開示」が必要であり、自己開示を促進するにはメンバーに対する信頼が必要である。このようにネットコミュニティを上手に活用すればブランド共感を形成しやすい。ネットコミュニティ運営者やブランドマネージャーは、自己紹介ルー

ルの徹底や，個人情報検索ツールの整備等により，自己開示を促進して，ブランド共感を高めていくことができる。

　第三に興味深い点として，他人推奨意図は購入意図とは独立であることが確認された。認知的態度だけでなく，感情的態度も加わったときに，購入意図はより高くなるのであるが，認知的態度は他人推奨意図を説明できないし，購入意図は他人推奨意図を説明できない。他人推奨意図を説明できるのは感情的態度だけである。顧客が購入したからといってクチコミで勧めてくれるとは期待できず，感情的態度が十分に強くないとクチコミは生じない。

　ここで従来のクチコミとネットコミュニティでのコミュニケーションとを比較したい。ネットコミュニティでは従来のクチコミと同様に，受け手にとって理解しやすく受容しやすいようにネットコミュニティ・メンバーによる情報の加工が行われる。その加工方法が利用経験者の発言とワントゥワン発言なのである。なお従来のクチコミは認知段階で影響するよりも購入の際の最後の一押しになると考えられていた。しかしネットコミュニティは従来のクチコミとは異なり，広告のように認知段階にも影響を与えるメディアなのである。

5-5-2. 精緻化見込みモデルの拡張

　精緻化見込みモデル（Petty & Cacciopo 1983, 1986）では，消費者が企業からのメッセージを精緻化できる場合には製品の品質や性能といった本質的な情報を手がかりとしてその製品に対する態度が形成される（「中心的ルートによる態度形成」）のに対し，精緻化の見込みが小さければ「周辺的ルートによる態度形成」がおこるとする。後者では企業名や推奨者といった，周辺的で表層的な情報を手がかりとして態度が形成され，従来はネットコミュニティでの会話のようなクチコミは後者の典型であると捉えられがちであった。

　しかしネットコミュニティにおいては，オピニオンリーダーなどの製品知識が豊富なメンバーも参加しており（池田1997），クチコミの本質的特長であるブランド利用経験者の発言を基にしてメッセージの精緻化が行われ，認知的態度が形成されて，購買意図が形成されることが実証された。一方でネ

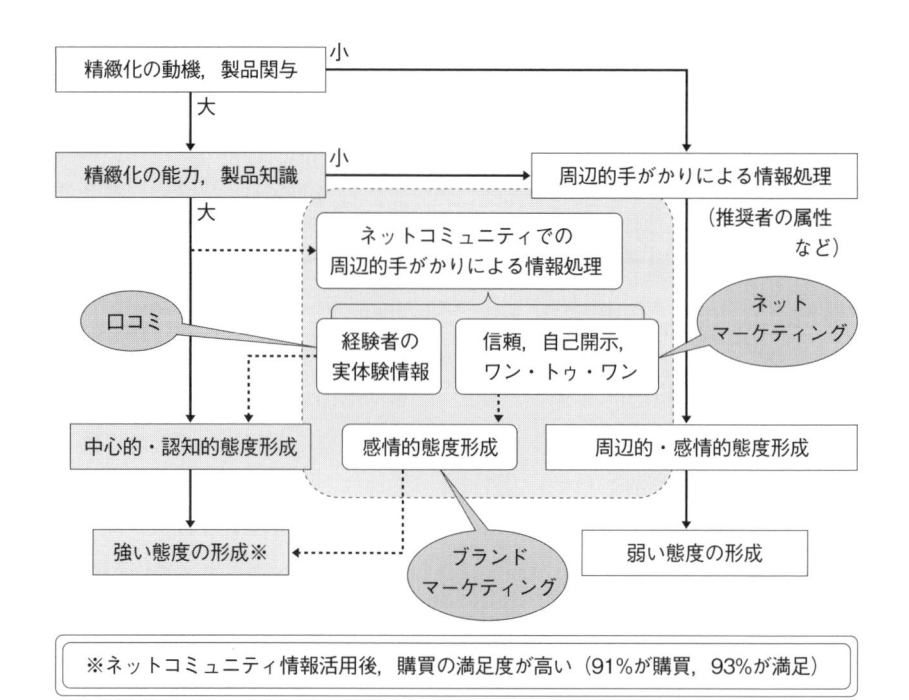

```
┌─────────────────┐  小
│精緻化の動機，製品関与│──────────────────────┐
└────────┬────────┘                      │
         │大                              │
┌────────▼────────┐  小  ┌──────────────▼──────────┐
│精緻化の能力，製品知識│─────▶│周辺的手がかりによる情報処理│
└────────┬────────┘      └──────────────────────────┘
         │大              (推奨者の属性など)
         │    ┌ ─ ─ ─ ─ ─ ─ ─ ─ ─ ─ ─ ─ ─ ─ ─ ┐
         │      ネットコミュニティでの
         │      周辺的手がかりによる情報処理
   (口コミ) ┌──────────┐  ┌──────────────┐   (ネットマーケティング)
         │ │経験者の   │  │信頼，自己開示，│ │
         │ │実体験情報 │  │ワン・トゥ・ワン│ │
         │ └──────────┘  └──────────────┘ │
         │ └ ─ ─ ─ ─ ─ ─ ─ ─ ─ ─ ─ ─ ─ ─ ─ ┘
         ▼              ▼                  ▼
┌─────────────┐ ┌─────────────┐  ┌──────────────────┐
│中心的・認知的│ │感情的態度形成│  │周辺的・感情的態度形成│
│態度形成      │ └─────────────┘  └──────────────────┘
└──────┬──────┘                          │
       ▼        (ブランドマーケティング)    ▼
┌─────────────┐                   ┌─────────────┐
│強い態度の形成※│                   │弱い態度の形成│
└─────────────┘                   └─────────────┘
```

※ネットコミュニティ情報活用後，購買の満足度が高い（91％が購買，93％が満足）

図5-3　ネットコミュニティにおける精緻化見込みモデル

ット・マーケティングの本質的特長であるワントゥワンのアドバイスや，信頼できるメンバーの存在と情報の受け手の自己開示による相談により，ブランドに対する共感といった感情的態度の形成（ブランド・マーケティングの本質的特長）が促進され，これが強い態度形成につながり，購買意図と他人推奨意図が形成されることが実証された（図5-3）。

このようにネットコミュニティでは，「中心的ルートによる態度形成」と「周辺的ルートによる態度形成」の両方が同時に実現しており，各種の情報チャネルの本質的利点をうまく統合したマーケティング・コミュニケーション・チャネルであると考えられる。その上，個人の態度形成効果だけでなく，他人への推奨という「波及効果」まで期待できるのである。以上の知見を基礎にして，各企業は自社のネットコミュニティにおいて，メンバー同士が信頼して自己開示をし，ワントゥワン情報や利用経験者のユーザー評価情報を提

供できるような運営をしなければならない。その結果，購入意図や他人推奨意図の増大を期待できる。またレビューサイト等の，特定ブランドから独立したコミュニティの運営者にとっても，特定ブランドに対する購入意図や推奨を発現させることが可能となる。

以上，本章ではクチコミ，ネット・マーケティング，ブランド・マーケティングのそれぞれの本質的効果を包含する，ブランド態度形成の統合モデルを構築することができた。

5-5-3. 今後の課題

本研究の限界としては，第一にデータとモデルの適合度が必ずしも十分に高くなかった点があげられる。この背景にはサンプル数と観測変数の数の比もあるが，やはりブランド態度形成をネットコミュニティによってのみ説明するモデルを仮定したためであると考えられる。今後はネットコミュニティ以外のマーケティング・コミュニケーション・ツールとの効果の相対比較が可能なモデルによる検証が必要となろう。

第二の限界として，ネットコミュニティにおける悪い噂の影響について分析が及ばなかったという点である。一般に企業側では悪い噂の発生を恐れてネットコミュニティ運営に消極的である（注4）。「2ちゃんねる」に限らず，ネットコミュニティでは匿名性が高いがゆえに特定ブランドに対する誹謗中傷が発生しやすく，極端な場合には不買運動にも発展しかねない（國領 2001）。インターネットの世界での消費者情報処理においては，考慮集合の形成と同時に「拒否集合」も形成されるという指摘もある（清水 2002）。しかし，ネットコミュニティ上での倫理的問題が発生した場合の解決方略として，メンバー同士の「共感」が有効であったとの研究報告がある（Baker 2001）ように，ネットコミュニティでの悪い噂も一定の範囲でコントロール可能であると考えられる。今後は悪い噂への対処も含めた総合的なネットコミュニティ戦略の検討が必要となる。その結果マーケターは安心してネットコミュニティをマーケティング・コミュニケーション・ツールとして活用できるようになるだろう。

あわせて今後は，本研究では取り上げなかった「受け手の属性」や「製品

の特徴」によって，ブランド態度形成のメカニズムがどのように異なるのかについても解明が必要である。

(注1) 今回の調査対象者であるネットユーザーの65%がネットコミュニティを見た経験があり，その73%が商品選択の参考にするという結果が出た。また，ネットコミュニティを見るのは商品選択の前である人が 97%である。ネットコミュニティを見た後で91%の人が商品を買う。さらに，その結果の商品選択に満足している人は93%である。2001年11～12月調査の第13回インターネット・アクティブ・ユーザー調査（日経ネットビジネス，n = 16,699）によれば，ネットコミュニティにアクセスした経験のある人の割合は23%であった。今回の調査対象者が相対的に情報リテラシーの高い先進ユーザーであったと想定される。

(注2) 各潜在変数の信頼性係数（クロンバックの α ）は以下の通りである。知覚された利用経験者の発言量0.68，知覚されたワントゥワン発言量0.73，信頼できるメンバー数0.75，本人の自己開示度0.92，認知的態度0.74，感情的態度0.78，購入意図0.75，他人推奨意図0.78。

(注3) 本研究のテーマについては先行研究が乏しいため，事前にモデルに明示的に示すことができなかった潜在変数の存在が予想され，誤差変数間に以下のような共分散を仮定している。「知覚された利用経験者の発言量」に関して，実体験発言役立度⇔実体験発言メンバー数。「知覚されたワントゥワン発言量」に関して，私に好意を持っている人の発言⇔私の状況・ニーズを踏まえた具体的発言，積極的アドバイス⇔趣味・嗜好が類似する人の発言。「信頼できるメンバー数」に関して，尊敬できる人⇔リアルワールドでも会いたい人。「本人の自己開示度」に関して，趣味・嗜好⇔（性格，所属集団・地位，専門性）。「認知的態度」に関して，品質・機能の検討⇔（良い点・悪い点の認知，商品必要性認知）。さらに2つの潜在変数をまたがる誤差変数間では，以下の共分散を仮定した。「認知的態度」の（商品必要性認知，認知的不協和低減）⇔「感情的態度」。「認知的態度」⇔「感情的態度」。「認知的態度」の認知的不協和低減⇔「感情的態度」の所属集団・社会での規範認知。

(注4) 確かに今回の調査でも，特定ブランドに関する悪い話を聞くと，そのブランドに対する嫌悪感が増大し，購入意図を変更するという行動が観察された。しかし特定ブランドに関する良い話も同じ程度存在しており，ネットコミュニティが悪い噂だけを増幅させる構造があるとはいえない。一方で，特定ブランドを所有する企業が自らネットコミュニティを運営したり，特定企業の社員がネットコミュニティ上で発言することは，ブランドにとってマイナス効果であるという考え方が広く普及している。しかし今回の調査では，ネットコミュニティを購買意思決定の参考にした人（n = 344）については，当該ネットコミュニティの主催者を知らない人が43%にのぼっている。また，企業側の人の発言が役に立ったかという質問に対し，どちらともいえないとする人が53%もいる。

第5章　ネットコミュニティのマーケティング効果

このようにネットコミュニティ参加者の意識においては，企業と消費者という対置構造は希薄である。

第6章
ネットコミュニティの本質

6-1 分析結果のまとめ

6-1-1. 本研究の目的

　本研究の目的は，企業のマーケティング担当者がネットコミュニティをブランド・マーケティングのツールとして活用するためのメカニズムの解明であった。ホームページ上にネットコミュニティの場を開設しても参加者がなく，発言数が増えないのではないか，ネットコミュニティ上の情報は無責任な書き込みであり信憑性が低く，消費者が満足できるような情報を提供できず，盛りあがらないのではないか，クチコミに頼って形成されたブランド態度は感情的態度であり，相対的に弱い態度しか形成できないのではないか，といった疑問があった。そこで「情報の受け手」の問題としてネットコミュニティ参加の要因，「チャネル」の問題としてネットコミュニティの知覚品質とその構造，「メッセージ内容」の問題としてネットコミュニティのブランド態度形成効果という3つの研究課題が設定された（表6-1）。

表6-1　本研究の目的

	問題意識	マーケティングコミュニケーションとしての要件	研究課題	被説明変数	説明変数
第3章 研究Ⅰ	●発言の促進	●受け手	ネットコミュニティ参加の要因	●参加（発言）	●知覚品質 ●能力 ●性格 ●目的
第4章 研究Ⅱ	●信憑性 ●場に対する満足	●チャネル ●情報源	ネットコミュニティの知覚品質とその構造	●知覚品質 ●満足	●ルールとツール ●ブランド情報量 ●発言者品質
第5章 研究Ⅲ	●形成された態度の強さ	●メッセージ内容 ●情報源	ネットコミュニティのブランド態度形成効果	●ブランド態度形成 ●購入意図, 推奨意図	●実体験発言量 ●メンバー信頼, 自己開示, ワン・トゥ・ワン発言量

6-1-2. 本研究の結論

(1) ネットコミュニティ参加の要因

　消費者のネットコミュニティでの発言行動について，ネットコミュニティ利用能力，性格，ネットコミュニティ利用目的，ネットコミュニティ知覚品質の4分野の変数によって説明する仮説を構築し，実証分析を行った。Webによるアンケート調査を実施し，有効回答は1,079サンプルであった。ここからネットコミュニティ利用経験者631サンプルを抽出して分析を行った。

　ロジスティック回帰分析と重回帰分析の結果，ネットコミュニティの発言の有無と発言頻度は，ネットコミュニティの利用能力，ネットコミュニティ利用目的，ネットコミュニティの知覚品質，ネットコミュニティ参加者の性格に依存するという仮説が支持された。性格では，外向性ではなく協調性が発言と関係があること，発言者には「質問・回答者」と「提案者」があることもわかった。また4つの説明変数群の中では相対的に，ネットコミュニティのコミュニケーションの場としての知覚品質の効果が大きく，「発言が恥ずかしくない」「楽しい」「提案やアドバイスができる」といった側面での知

覚品質の向上を図ることができればネットコミュニティの参加促進を図れることが判明した。

(2) ネットコミュニティの知覚品質とその構造

次にネットコミュニティの知覚品質の向上策を検討するため，ネットコミュニティの知覚品質とネットコミュニティ満足度に関する仮説モデルを構築し，実証分析を通じてその規定要因の解明を行った。ルール認知度(マナールール，発言ルール，初心者保護ルール)とツール利用度(一般的ツール，個人情報ツール)が，ブランド情報の多さに対する認知度と知覚された発言者品質に影響を与え，さらにそれらが2つの知覚されたネットコミュニティ品質(情報源としての品質とコミュニケーションの場としての品質)を規定し，その結果ネットコミュニティ満足度を決定するというモデルである。Webによるアンケート調査を実施し，有効回答1,079サンプルの中からネットコミュニティを商品選択に利用したことのある人344サンプルを本章の分析対象とした。

共分散構造分析の結果，ルールとツールを整備することでネットコミュニティに対する知覚品質が向上すること，過剰なルールとツールは発言を減らしてしまうという逆効果があること，発言者に対してはマナールールと発言ルールを整備することが，発言をしないROMに対しては初心者保護ルールと個人情報ツールを整備することが知覚品質の向上に対して効果的であること，という仮説が支持された。

このことから，当該ブランドのマーケティング課題として，認知を高めて初回購入者を増やしたい場合には，ROMの満足度を高めてより多くの人にブランド情報を収集してもらうことが効果的であると考えられる。一方，ブランドに対する評価を高めてリピーターを増やし購買頻度を高めたい場合には，発言者の満足度を高めて発言量を増やしてもらい，ネットコミュニティ利用者の当該ブランドに対する評価を高めることができると考えられる。このようにROMへの対応と発言者への対応はバランスをとるべき施策である。

(3) ネットコミュニティのブランド態度形成効果

ネットコミュニティでのクチコミ情報によって形成されたブランド態度は

相対的に弱い感情的態度ではないか，という懸念があった。そこでネットコミュニティ品質の構成要素である発言内容と参加メンバーの質が，ブランド態度形成をどのように規定しているのかについて，分析を行った。ブランド利用経験者の発言量，自分の事情に合わせたワントゥワンのアドバイス量，信頼できるメンバー数と相談のための自己開示度の3つが，ブランドに対する認知的態度と感情的態度に影響を与え，さらにそれがブランド購入意図と他人推奨意図を規定するという仮説モデルを構築した。Webによるアンケートから，ネットコミュニティを商品選択に利用したことのある人344サンプルを抽出し，共分散構造分析を行った。

　以下のように仮説が支持された。認知的態度の形成のためには，ブランド利用経験者の発言を促進するようなネットコミュニティ運営が必要である。感情的態度の形成のためには，情報の受け手の事情に合わせたワントゥワンのアドバイスが必要であり，その前提として信頼できるメンバーの存在と情報の受け手の自己開示による相談がなくてはならない。つまりメンバー相互が信頼しあえるような場の運営が求められることを示唆している。このようにすればブランド購入意図を高めることができるが，一方で他人推奨意図は認知的態度には規定されず，ブランドに対する共感といった感情的態度によってのみ規定される。ネットコミュニティでのクチコミ促進のためには，ますますメンバー同士が信頼しやすい場の運営が必要である。

(4) ネットコミュニティのマネジメントに対する統合モデル

　以上の研究成果に基づき，クチコミ論，ネット・マーケティング論，ブランド・マーケティング論を統合して，図6-1に示す「ネットコミュニティのマネジメントに対する統合モデル」を提案する（注1）。

　マーケティング・コミュニケーションの対象者である，メッセージの「受け手」にネットコミュニティに参加してもらうためには，発言を促進しなければならない。発言行動はネットコミュニティ利用能力，ネットコミュニティ参加者の性格，ネットコミュニティ利用目的にも規定されるが，知覚されたネットコミュニティのコミュニケーションの場としての知覚品質という「状況要因」によっても規定されており，その規定力は相対的に大きい。よ

第6章　ネットコミュニティの本質

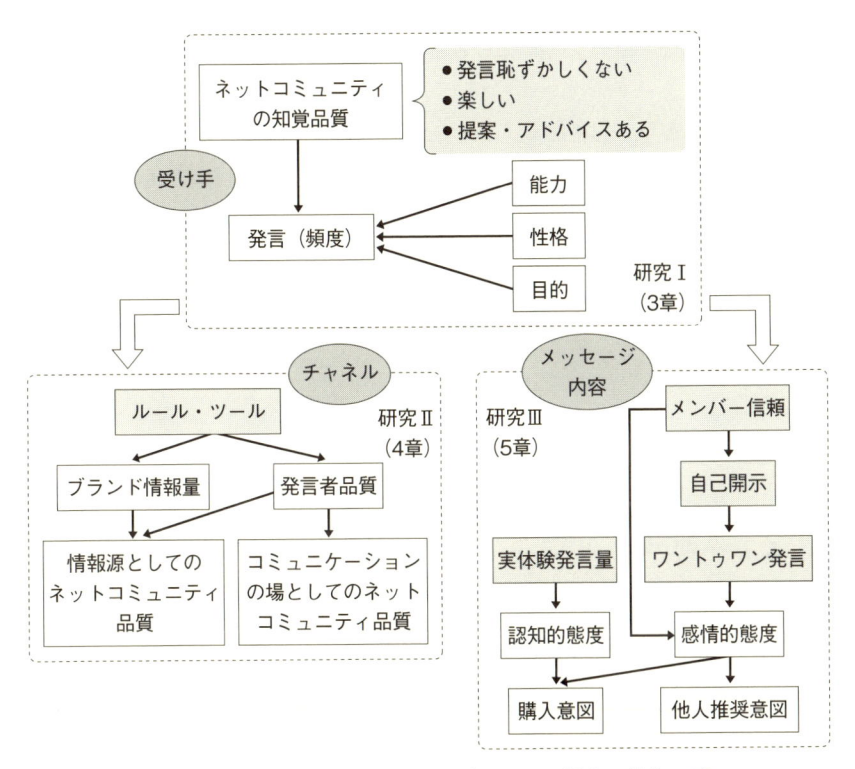

図6-1　ネットコミュニティのマネジメントに対する統合モデル

ってネットコミュニティ運営者やブランドマネージャーは，このネットコミュニティの知覚品質という状況を変化させることができれば，ネットコミュニティを盛りあげて，マーケティング・コミュニケーションのツールとして機能させることができる。

　状況要因であるネットコミュニティの知覚品質の改善は，マーケティング・コミュニケーションの「チャネル」の品質向上に他ならない。ネットコミュニティ運営者やブランドマネージャーは，ルールとツールを用意することで，発言を促進してブランド情報量を増やすことができる。またルールとツールを用意することで発言者の淘汰を促し，発言者の品質を高めることができる。こうして情報源としてのネットコミュニティ品質とコミュニケーションの場としてのネットコミュニティ品質を向上させることができる。

さらにネットコミュニティ運営者やブランドマネージャーは，メッセージの受け手のブランド態度形成に対して，「効果的なメッセージ内容」を特定化する必要がある。効果的なメッセージ内容は第一に実体験発言であり，第二にメンバー信頼に基づくワントゥワン発言である。これらの発言を促進することでブランドに対する認知的態度と感情的態度が形成され，購入意図と他人推奨意図が高まる。

こうしてネットコミュニティは，ネットコミュニティ運営者やブランドマネージャーにとって，効果的なマーケティング・コミュニケーションのツールとなる。

6-2 本研究のコミュニケーション研究への貢献

6-2-1. クチコミの個人差要因と状況要因

本研究ではネットコミュニティに関する「個人の異質性 (Heterogeneity)」(Rossi & Allenby 2003) の構造を明らかにすることができた。クチコミ情報の信憑性を規定する要因として，情報の送り手側である発言者の個人差要因，情報の受け手側の個人差要因，情報が伝達される状況要因の3つの効果が考えられる。従来は送り手と受け手の個人差要因による説明を行った研究がほとんどであったが，本研究では個人に「知覚された」ネットコミュニティの品質という状況要因が重要であることが確認された。

その背景には，ネットコミュニティは社会的不確実性が高いという状況要因の特徴があるといえよう。通常の対面でのクチコミと比べ，ネットコミュニティでは匿名性が高く，文字によるコミュニケーションに頼っているため，不確実性が高い。その場合には送り手や受け手の要因よりもネットコミュニティの知覚品質という状況要因の影響が大きい。

このように，クチコミの個人差要因と状況要因について，不確実性がそれぞれの影響力を規定するという構造が明らかになった。

6-2-2. クチコミの場のコントロール

　従来からクチコミはコントロールが困難であるとされてきた。「重要なテーマではあるが曖昧である場合」といった，クチコミとして伝達されやすい情報の条件についての研究はあるが，クチコミの促進に関する実証的研究は総じて少ない。従来のクチコミの促進策は，クチコミとして伝達されやすい情報の開発と発信でしかなかった。

　本研究ではネット上でのクチコミの場の一形態であるネットコミュニティにおいて，ルールとツールによって場のコントロールを行い，コミュニケーションの促進が可能であることを実証研究を通して確認した。

　ただし，本研究によってコミュニケーションの場の品質を改善してクチコミの送り手と受け手を増やすという操作は可能となったが，ブランド態度形成に対して効果的な内容のクチコミをいかにして増やすかについては，今後の検討課題である。

6-2-3. 精緻化見込みモデルの拡張

　精緻化見込みモデルでは，クチコミによる態度形成は低関与・低能力の場合の周辺ルートであり，形成された態度は短期的で弱いものであるとしている。

　しかしネットコミュニティにおいてはブランド利用経験者の発言を基にしてメッセージの精緻化が行われ，認知的態度が形成されて，購買意図が形成されることが実証された。一方でワントゥワンのアドバイスや，信頼できるメンバーの存在と情報の受け手の自己開示による相談により，ブランドに対する共感といった感情的態度の形成が促進され，購買意図と他人推奨意図が形成されることも確認された。

　このようにネットコミュニティでは，「中心的ルートによる態度形成」と「周辺的ルートによる態度形成」の両方が同時に実現しており，結果的に強くて長期的なブランド態度の形成が可能であることが判明した。このことにより，クチコミ，ネット・マーケティング，ブランド・マーケティングのそれぞれの効果を統合したマーケティングモデルとしてのネットコミュニティを位置づけることができた。

6-3 実務へのインプリケーション：クチコミ, ネット・マーケティング, ブランド・マーケティング

本研究では，ネットコミュニティでの発言を増やし，その情報を見た人に信じてもらい，ブランド選択や購買時の参考にしてもらい，その結果ブランド態度形成に影響を与えるための実務的示唆が多数得られた。これらの示唆は，ネット上でクチコミをコントロールすることを容易にすると同時に，強い認知的態度と感情的態度を同時に形成するというブランド・マーケティングの手段を提供する。

6-3-1. ネットコミュニティの知覚品質の特定化

第一に，ネットコミュニティの知覚品質を分析し，重要な品質要素を特定化した。ネットコミュニティの知覚品質とは，情報源としての品質と，コミュニケーションの場としての品質に分解できる。情報源としての品質は，「特定の商品やブランドに関する実体験発言」の有無によって評価できる。コミュニケーションの場としての品質は，「発言が恥ずかしくない，楽しい，提案・アドバイスがしやすい」という3つの軸で評価できるものである。本研究での分析の結果，ネットコミュニティ運営者は，ネットコミュニティの品質向上のための評価尺度を得ることができた。

6-3-2. ルールとツールによる知覚品質向上

第二に，ルールとツールによる，ネットコミュニティの知覚品質の向上である。ネットコミュニティでの否定的発言のリスクを避けるため，ネットコミュニティ運営者は専任の司会者を用意する必要があり，そのコスト高からネットコミュニティ活用を断念する企業は多い。しかし本研究で，ルールとツールの整備という相対的に低コストの施策の効果を実証したことにより，マーケティング・コミュニケーションのツールとしてのネットコミュニティの活用に道を開いた。

ルールは「マナールール」,「発言ルール」,「初心者保護ルール」, ツール

は「個人情報ツール」,その他の「一般的ツール」に分類できることがわかった。こうしたルールとツールを整備することでネットコミュニティに対する知覚品質が向上すること,過剰なルールとツールは発言を減らしてしまうという逆効果があること,発言者に対してはマナールールと発言ルールを整備することが,発言をしないROMに対しては初心者保護ルールと個人情報ツールを整備することが,知覚品質の向上に対して効果的であることが明らかになった。以上のルールとツールの整備によって,企業のブランドマネジメント担当者とネットコミュニティ運営者は,ネットコミュニティの評価を高めて参考情報としての活用や発言を促し,マーケティング・コミュニケーションのツールとして有効活用することができる。

6-3-3. 認知的態度と感情的態度の形成

　第三にネットコミュニティでの情報収集の結果として強い購買意図の形成が確認された。まず認知的態度の形成のためには,ブランド利用経験者の発言を促進するようなネットコミュニティ運営が必要である。感情的態度の形成のためには,情報の受け手の事情に合わせたワントゥワンのアドバイスが必要であり,その前提として信頼できるメンバーの存在と情報の受け手の自己開示による相談がなくてはならない。つまりメンバー相互が信頼しあえるような場の運営が求められることを示唆している。ネット・マーケティングの本質は,個人の異質性を前提としたワントゥワン・マーケティングであるが,ネットコミュニティはネット・マーケティングの正統であるといえる。
　こうしてブランド購入意図は高めることができるが,他人推奨意図は認知的態度には規定されず,ブランドに対する共感といった感情的態度によってのみ促進される。他人推奨のクチコミ促進のためには,ますますメンバー同士が信頼しやすい場の運営による感情的態度の形成が必要である。

　これらの示唆を受けて,ネットコミュニティ運営者はルール(マナールール,発言ルール,初心者保護ルール)とツール(個人情報ツール,その他の一般的ツール)を整備することで,ネットコミュニティの活性化を図ることができるようになる。特に「発言が恥ずかしくない」「楽しい」「提案やアド

バイスができる」という，コミュニケーションの場としてのネットコミュニティ品質に着目して集中的に改善することができれば，発言が促進され，ネットコミュニティは活性化する。

　ブランドマネージャーは，自らネットコミュニティを開設して運営したり，ネットコミュニティ運営者に委託するなどして（注2），ネットコミュニティにアクセスしてくる人のブランド態度形成を促進することができる。特に実体験発言を促進することは，認知的態度形成には効果がある。また，ネットコミュニティのメンバー間の信頼感を増大させ，相互の自己開示を奨励し，ワントゥワン・アドバイスを増加させることで，ブランドに対する共感の高まりといった感情的態度を形成することができる。その結果，ネットコミュニティ参加者のブランドの購入意図が高まり，また他人に対する推奨意図が高まるという結果が期待できる。

6-4 残された課題

(1) その他の個人差要因の研究

　本研究においては商品分野を特定しての実証研究は行っていないが，特定の商品分野に限定してネットコミュニティを活用しようとする場合，採用者カテゴリーやオピニオンリーダーといった個人差要因が存在する。ネットコミュニティでの発言者とROMにはどのタイプの人間が多いか，ネットコミュニティはマーケット・メイブンやオピニオンリーダーに効率的に情報伝達ができるか，といった研究課題が存在する。

(2) ブランド・コミュニティでの分析

　ネットコミュニティには手段的，即自的，創造的の3つの類型があり，そのしゃk類型ごとに介入可能性は異なると考えられる。本研究の主たる対象である手段的コミュニティでは，「ルールとツール」を提供することが有効であった。しかし一般に典型的な即自的コミュニティや創造的コミュニティ

においては，企業側の利害関係者の介入を嫌う傾向がより強く，それらのコミュニティをマーケティング・コミュニケーションにいかしていくためには，異なる方策を具体化する必要があるかもしれない。

「ブランド・コミュニティ」は即自的コミュニティであり，創造的コミュニティであることが多い。そこでは企業はルールとツールの整備だけでなく，ブランドの周辺的属性情報としての「ブランドの物語情報」(Muniz & O'guinn 2001)の提供が必要になると考えられる。

今後はブランド・コミュニティに代表される即自的・創造的コミュニティの活用方法についての研究が求められる。

(3) 商品分野ごとの分析

本来的に話題にされやすい商品と話題に上りにくい商品が存在する。一般に探索財よりは経験財や信頼財の方がネットコミュニティでのテーマにふさわしく，低関与よりも高関与の商品分野の方がネットコミュニティで話題になりやすいと考えられる。例えば典型的高関与分野であるダイエット行動においても，ネットコミュニティの有効性が実証されている（金森 2009b）。

今後は各種の商品分類ごとにネットコミュニティの動態と効果を分析し，ネットコミュニティの活用方法を特定化していく必要がある。

6-5　ネットコミュニティの本質：新しい企業像

今までは企業と消費者は鋭く対立するものとして捉えられてきた(Rheingold 1993)。相互に信頼関係はなく，利害が対立するものと考えられてきた。つまり消費者から見れば，企業はできるだけ安いコストで製品を製造し，「無駄な」広告を行うことで消費者を騙し，できるだけ高い価格で消費者に売りつけ，利潤の最大化を図ろうとする，という企業モデルである。一方企業から見れば，消費者はわがままで移り気であり，より良い商品があればすぐにブランド・スイッチを行い，企業側に不祥事があれば容赦なく叩

く,という消費者モデルである。

しかしブランドに関する研究が進むにつれ,強いブランド力を持つ企業と顧客との間には強い共感関係と信頼関係が存在することがわかってきた。片平(1999b)が「パワーブランド」としてあげるSONY,メルセデス・ベンツ,NIKE,ネスレなどでは,企業が顧客に対して夢を与え,顧客がブランドに対して期待をし,企業がまたそれに応えるという双方向のサイクルが実現している。さらにMuniz & O'guinn(2001)の「ブランド・コミュニティ」では,特定ブランドのファン同士の強い仲間意識が観察され,ファン同士の相互扶助だけでなくブランド自体を支援したいという意図が顕著である。

この視点で見れば,ネットコミュニティは単なるクチコミ媒体ではない。ネットコミュニティはブランドの実体そのものであり,そこでは価値を創造する役割と価値を消費する役割が渾然一体となっている。NIFTYのフォーラムである「FPANAPC」はその先駆的事例である(金森・木村2003)。かつてToffler(1980)は「プロシューマー」という,生産者と消費者が一体となる人々が主流になる時代を予測した。近年でもPrahalad & Ramaswamy(2004)は先進的な事業形態として,企業と消費者が「価値共創」の関係にある事例を理想としている。これからは,ネットコミュニティと共存し,ネットコミュニティを活用していくことで,顧客との信頼関係を形成し,企業の永続性を担保できるようになるのではないだろうか。

ネットコミュニティは,企業と消費者の境界が曖昧になり,消費者が企業経営に侵入してくるという,新しい企業像を予想させるものであり,これからのマーケティング活動と企業経営の本質的性格を有しているといっても過言ではない。

(注1)第3章で分析対象としたサンプルはネットコミュニティに来たことがある人であり,第4章,第5章ではその73%にあたる,ネットコミュニティの情報を購買意思決定に活用した人に限定して分析を行っている。第3章ではROMと発言者(質問・回答者と提案者)とを分ける個人差要因の分析が目的であったため,ネットコミュニティに来たことがある人を分析対象とした。その中から手段的コミュニティ,即自的コミュニティ,創造的コミュニティを分けて分析をする予定であったが,図3-2に示したように,今回

第6章　ネットコミュニティの本質

の調査対象となったネットコミュニティはほとんどが商品のレビューサイトであり，手段的コミュニティが中心であった。そのため第3章の分析対象となるネットコミュニティも商品購買を想定して利用されていると考えられる。よって第3章の結論と第4章，第5章の結論を統合して扱うことができると判断し，図6-1のような統合モデルを提示する。

(注2) 古くはNIFTYにおいて，特定のブランド名を関したフォーラムや会議室が存在した。その一部では，特定メーカーがユーザーサポートを目的として，メーカーフォーラムを運営するという事例があった。井上 (2001a) の実験でも，化粧品メーカーの社員と顧客との効果的なコミュニケーションが掲示板によって実現していた。前述のように，社団法人日本広告主協会 (2002) によれば，調査対象の90社中24%が自社Webサイトで掲示板・チャットを開設していると回答している。近年ではブログを活用して，メーカーの技術者が直接ユーザーに語りかける形の「開発者ブログ」が一般化してきている。このようにネットコミュニティは，第三者による運営という形態だけでなく，実体験情報があり，メンバー間の信頼があれば，企業側の運営であっても機能させることはできる。

参考文献

Aaker, David A., and Erich Joachimsthaler, *Brand Leadership*, The Free Press, a division of Simon & Schuster, Inc., 2000.(阿久津聡訳『ブランド・リーダーシップ—「見えない企業資産」の構築』ダイヤモンド社, 2000.)

Aaker, Jennifer L., "Dimensions of Brand Personality," *Journal of Marketing Research*, 34, 1997, pp.347-356.

Achrol, Ravi S. & Philip Kotler, "Marketing in the Network Economy," *Journal of Marketing*, Vol. 63, 1999, pp.146-163.

Alba, Joseph, John Lynch, Barton Weitz, Chris Janiszewski, Rchard Luts, Alan Sawyer and Stacy Wood, "Interactive Home Shopping : Consumer, Retailer, and Manufacturer Incentives to Participate in Electronic Marketplaces," *Journal of Marketing*, Vol.61, July 1997, pp.38-53.

Allport, Gordon W., and Leo Postman, *The Psychology of Rumor*, Henry Holt and Company, Inc., 1947, reissued, 1965, by Russell & Russell, Inc.

Anderson, Terry, and Heather Kanuka, "New Platforms for Professional Development and Group Collaboration", *JCMC*, Vol.3 No.3, December 1997.

Baker, Paul, "Moral Panic and Alternative Identity Construction in Usenet," *JCMC*, Vol.7 No.1, October 2001.

Barlow, Janelle, and Dianna Maul, *Emotional Value*, Berrett-Koehler Publishers, 2000.(砂野吉正訳『エモーショナル・バリュー　感動と共感のマーケティング』生産性出版, 2001.)

Bearden, William O., Richard G. Netemeyer and Mary F. Mobley, *Handbook of Marketing Scales : Multi-Item Measures for Marketing and Consumer Behavior Research*, SAGE Publications Inc., 1993.

Bickart, Barbara, and Robert M. Schindler, "Internet Forums as Influential Sources of Consumer Information", *Journal of Interactive Marketing*, Vol.15 (3), 2001, pp.31-40.

Brown, Stanley A., *Customer Relationship Management*, John Wiley & Sons Canada, Ltd., 2000.(プライスウォーターハウスクーパースコンサルタント株式会社CRMグループ監訳『CRMの構築と実践—eビジネス時代の顧客戦略』東洋経済新報社, 2001.)

Curry, Jay, and Adam Curry, *The Customer Marketing Method*, The Customer

参考文献

Marketing Institute, 2000.(藤枝純教監訳『カスタマー・マーケティング・メソッド』東洋経済新報社, 2001.)

Davis, Mark H., *Empathy : A Social Psychological Approach*, Westview Press, 1994.(菊池章夫訳『共感の社会心理学』川島書店, 1999.)

Dye, Renee, "The Buzz on Buzz," *Harvard Business Review*, Nov. 2000.(村井章子訳「クチコミを誘導し,ヒット商品を生み出すシナリオ−バズ・マーケティング」『Diamond Harvard Business Review』ダイヤモンド社, June 2001, pp.75-84.)

Feick, Lawrence F., and Linda L. Price, "The Market Maven : A Diffuser of Marketplace Information," *Journal of Marketing*, Vol.51, January, 1987, pp.83-97.

Festinger, J.F., *A Theory of Cognitive Dissonance*, Row, Peterson & Co., 1957.(末永俊郎監訳『認知不協和の理論』誠信書房, 1965.)

Fishbein, Martin, and Icek, Ajzen *Belief, Attitude, Intention, and Behavior : An Introduction to Theory and Research*, Addison-Wesley Pub. Co., 1975.

Gladwell, Malcom, *The Tipping Point : How Little Things Can Make a Big Difference*, Janklow & Nesbit Associates, 2000.(高橋啓訳『なぜあの商品は急に売れ出したのか 口コミ感染の法則』飛鳥新社, 2001.)

Godin, Seth, *Permission Marketing*, Simon & Schuster, Inc., 1999.(阪本啓一訳『パーミションマーケティング ブランドからパーミションへ』翔泳社, 1999.)

Godin, Seth, *Unleashing the Ideavirus*, Do You Zoom, Inc., 2000.(大橋禅太郎訳『バイラルマーケティング アイディアバイルスを解き放て!』翔泳社, 2001.)

Granovetter, Mark S., "The Strength of Weak Ties," *American Journal of Sociology*, 78-6, 1973, pp.1360-1380.

Granovetter, Mark, "The Strength of Weak Ties : A Network Theory Revisited," in Marsden, Peter V., and Nan Lin, eds., *Social Structure and Network Analysis*, SAGE Publications Inc., 1982, pp.105-130.

Granovetter, Mark, *Getting A Job*, The University of Chicago Press, 1974, 1985, 1995.(渡辺深訳『転職—ネットワークとキャリアの研究』ミネルヴァ書房, 1998)

Grantham, Charles, *The Future of Work : The Promise of the New Digital Work Society*, The McGraw-Hill Companies, Inc., 2000.(大浦勇三訳『eコミュニティがビジネスを変える』東洋経済新報社, 2001.)

Greenberg, Paul, *CRM at the Speed of Light : Capturing and Keeping Customers in Internet Real Time*, The McGraw-Hill Companies Inc., 2001.(齊藤英孝訳『CRM実践顧客戦略』ダイヤモンド社, 2001.)

Hagel Ⅲ, John, and Arthur G. Armstrong, *Net Gain*, Harvard Business School Press, 1997.（南場智子訳『ネットで儲けろ』日経BP社, 1997.）

Hagel Ⅲ, John, and Mark Singer, *Net Worth : Shaping Markets When Customers Make the Rules*, Harvard Business School Press, 1999.（小西龍治監訳『ネットの真価―インフォミディアリが市場を制する』東洋経済新報社, 2001.）

Hanson, Ward, *Principles of Internet Marketing*, South-Western College Publishing, a division of Thomson Learning, 2000.（上原征彦監訳・長谷川真美訳『インターネット・マーケティングの原理と戦略』日本経済新聞社, 2001.）

Haubl, Gerald, and Valerie Trifts, "Consumer Decision Making in Online Shopping Environments: The Effects of Interactive Decision Aids," *Marketing Science*, Vol.19 No.1, 2000, pp.4-21.

Hoffman, Donna L., Thomas P. Novak and Patrali Chatterjee, "Commercial Scenarios for the Web: Opportunities and Challenges," *JCMC*, December 1995.

Hoffman, Donna L., and Thomas P. Novak, "Marketing in Hypermedia Computer-Meditated Environments," *Journal of Marketing*, 60, July, 1996, pp.50-68.

Holbrook, Morris B., *Consumer Value : A Framework for Analysis and Research*, Routledge, 1999.

Hovland, C.I., and W. Weiss, "The Influence of Source Credibility on Communication Effectiveness, *Public Opinion Quarterly*, 15, 1951, pp.635-650.

Keller, Kevin Lane, *Strategic Brand Management*, Prentice-Hall, Inc., 1998.（恩蔵直人・亀井昭宏訳『戦略的ブランド・マネジメント』東急エージェンシー出版部, 2000.）

Keller, Kevin Lane, *Strategic Brand Management and Best Practice in Branding Cases, 2nd Edition*, Pearson Education, Inc., Prentice Hall, 2003.（恩蔵直人研究室訳『ケラーの戦略的ブランディング：戦略的ブランド・マネジメント増補版』東急エージェンシー出版部, 2003.）

Kiesler, S., J. Siegel and T. McGuire, "Social Psychological Aspects of Computer-Mediated Communication," *Amirican Psychologist*, 39(10), 1984, pp.1123-1134.

Kim, Amy Jo, *Community Building on the Web*, Peachpit, 2000.（伊東奈美子訳『ネットコミュニティ戦略-ビジネスに直結した「場」をつくる』翔泳社, 2001）.

Kokuryo, Jiro, "The Role of "Customer-to-Customer" Interaction on Computer Networks," *Journal of the Japan Society for Management Information*, Vol.7 No.3, Dec. 1998, pp.55-69.

参考文献

Krippendorff, Klaus, *Content Analysis : An Introduction to Its Methodology*, SAGE Publication Inc., 1980.（三上俊治，椎野信雄，橋元良明訳『メッセージ分析の技法 「内容分析」への招待』勁草書房，1989.）

Krishnamurthy, Sandeep, "A Comprehensive Analysis of Permission Marketing," *JCMC*, Vol.6 No.2, January 2001.

Laaksonen, Pirjo, *Consumer Involvement : Concepts and Research*, Routledge, a division of Routledge, Chapman and Hall, Inc., 1994.（池尾恭一・青木幸弘訳『消費者関与―概念と調査―』千倉書房，1998.）

Liu, Geoffrey Z., "Virtual Community Presence in Internet Relay Chatting," *JCMC*, Vol.5 No.1, September 1999.

Mauss, Marcel, *Essai sur le don : forme et raison de l'echange dans les societes archaique*, L'Année sociologique, seconde serie, 1923-1924, t. 1, 1925.（有地亨訳『贈与論』勁草書房，1962.）

McGuire, T. W., S. Kiesler and J. Siegel "Group and Computer Discussion Effects in Risk Decision Making," *Journal of Personality and Social Psychology*, 52-5, 1987, pp.917-930.

Muniz, Jr., Albert M., and Thomas C. O'guinn, "Brand Community," *Journal of Consumer Research*, Vol.27, 2001, pp.412-432.

Palmer, Jonathan E., Joseph Bailey and Samer Faraj, "The Role of Intermediaries in the Development of Trust on the WWW : The Use and Prominence of Trusted Third Parties and Privacy Statements," *JCMC*, Vol.5 No.3, March 2000.

Peppers, Don, and Martha Rogers, *The One to One Future*, Doubleday, a Division of Bantam Doubleday Dell Publishing Group Inc., 1993.（井関利明監訳『ONE to ONE マーケティング―顧客リレーションシップ戦略―』ダイヤモンド社，1995.）

Percy, Larry, *Strategies for Implementing Integrated Marketing Communications*, NTC Publishing Group, 1997.（小林太三郎監訳・清水公一・中山勝己訳『実践・IMC戦略―統合型マーケティング・コミュニケーション』日経広告研究所，1999.）

Peterson, Robert A., *Electronic Marketing and the Consumer*, SAGE Publications Inc., 1997.

Petty, Rchard E., and John T. Cacioppo, "Central and Peripheral Routes to Advertising Effectiveness: The Moderating Role of Involvement," *Journal of*

Consumer Research, Vol.10, 1983, pp.135-146.

Petty, Rchard E., and John T. Cacioppo, *Attitudes and Persuasion : Classic and Contemporary Approaches*, Wm. C. Brown Company Publishers, 1986.

Postmes, Tom, Russell Spears and Martin Lea, "The Formation of Group Norms in Computer-Mediated Communication," *Human Communication Research*, Vol.26 No.3, July 2000, pp.341-371.

Pottruck, David, and Tery Pearce, *Click and Mortar*, Jossey-Bass Inc., 2000. (坂和敏訳『クリック＆モルタル』翔泳社, 2000.)

Prahalad, C.K., and Venkat Ramaswamy, *The Future of Competition : Co-Creating Unique Value with Customers*, Harvard Business School Press, 2004. (有賀裕子訳『価値共創の未来へ：顧客と企業のCo-Creation』ランダムハウス講談社, 2004.)

Rheingold, Howard, *The Virtual Community: Homesteading on the Electronic Frontier*, John Blockman Associates, Inc., 1993. (会津泉訳『バーチャルコミュニティ　コンピューターネットワークが創る新しい社会』三田出版会, 1995.)

Rice, Chiris, *Consumer Behaviour : Behavioral Aspects of Marketing*, Butterworth-Heinemann, 1993.

Rossi, Peter E., and Greg M. Allenby, "Bayesian Statistics and Marketing," *Marketing Science*, Vol.22 No.3, Summer 2003, pp.304-328.

Rossiter, John R., and Larry Percy, *Advertising Communications & Promotion Management* (2nd ed.), The McGraw-Hill Companies, Inc., 1997.(青木幸弘・岸志津江・亀井昭宏訳『ブランド・コミュニケーションの理論と実際』東急エージェンシー出版部, 2004)

Rust, Roland T., Valarie A. Zeithaml and Katherine N. Lemon, *Driving Customer Equity : How Customer Lifetime Value is Reshaping Corporate Strategy*, The Free Press, a division of Simon & Schuster, Inc., 2000.(近藤隆雄訳『カスタマー・エクイティ　ブランド, 顧客価値, リテンションを統合する』ダイヤモンド社, 2001.)

Schmitt, Bernd H., *Experiential Marketing*, The Free Press, a division of Simon & Schuster, Inc., 1999. (嶋村和恵・広瀬盛一訳『経験価値マーケティング　消費者が「何か」を感じるプラスαの魅力』ダイヤモンド社, 2000.)

Shapiro, Carl, and Hal R. Varian, *Information Rules*, Harvard Business School Press, 1998. (千本倖生監訳『「ネットワーク経済」の法則』IDGコミュニケーションズ, 1999.)

参考文献

Siegel, J., V. Dubrovsky, S. Kiesler and T.W. McGuire, "Group Processes in Computer-Mediated Communication," *Organizational Behavior and Human Decision Processes*, 37, 1986, pp157-187.

Swift, Ronald S., *Accelerating Customer Relationships : Using CRM and Relationship Technologies*, Prentice Hall, 2001.（日本NCR監訳『加速する顧客リレーションシップ―CRMとリレーションシップ・テクノロジーの活用』株式会社ピアソン・エデュケーション，2001.）

Toffler, Alvin, *The Third Wave*, Bantam Books, 1980.（徳山二郎監修・鈴木健次・桜井元雄他訳『第三の波』日本放送出版協会，1980.）

Tonnies, Ferdinand, *Gemeinschaft und Gesellschaft : Grundbegriffe der reinen Soziologie*, 1887.（杉之原寿一訳『ゲマインシャフトとゲゼルシャフト―純粋社会学の基本概念（上・下）』岩波書店，1957.）

Wilkie, William L., *Consumer Behavior*(3rd ed.), John Wiley & Sons Canada, Ltd., 1994.

Winer, Russel S., John Deighton, Sunil Gupta, Eric J. Johnson, Barbara Mellers, Vicki G. Morwitz, Thomas O'guinn, Arvind Rangaswamy and Alan G. Sawyer, "Choice in Computer-Mediated Environments," *Marketing Letters*, 8-3, 1997, pp.287-296.

Yin, Robert K., *Case Study Research 2/e*, SAGE Publications Inc., 1994.（近藤公彦訳『ケース・スタディの方法』千倉書房，1996.）

青木幸弘「ブランド構築におけるキャラクターの役割」，青木幸弘・岸志津江・田中洋編著『ブランド構築と広告戦略』日本経済新聞社，2000, pp.345-374.

阿部潔『公共圏とコミュニケーション―批判的研究の新たな地平』ミネルヴァ書房，1998.

阿部周造「消費者情報処理の経験的研究」『マーケティングジャーナル』1981.3, pp.12-22.

池尾恭一『ネット・コミュニティのマーケティング戦略―デジタル消費社会への戦略対応』有斐閣，2003.

池田謙一「ネットワークへの参入」，池田謙一編『ネットワーキング・コミュニティ』東京大学出版会，1997, pp70-86.

池田謙一『社会科学の理論とモデル5　コミュニケーション』東京大学出版会，2000.

石井淳蔵『ブランド　価値の創造』岩波書店，1999.

石井淳蔵・厚美尚武『ネットコミュニティのデザイン：インターネット社会のマーケティング』有斐閣，2002.

石井淳蔵・嶋口充輝『営業の本質─伝統と革新の相克』有斐閣，1995．
石川直人・コミュニティ戦略研究会『インターネットコミュニティ戦略　ビジネスにコミュニティをどう活用するか』ソフトバンクパブリッシング，2001．
伊藤穰一「縁＝コンテキストの美学とコミュニティ」，NIFTYネットワークコミュニティ研究会編『電縁交響主義』NTT出版，1997，pp.312-325．
井上哲浩「インターネット・マーケティングにおけるブランド・マネジメントの有効性─掲示板コミュニティ効果─」『日経広告研究所報199号』Vol.35 No.5，2001a, pp.10-17．
井上哲浩『インターネット広告の有効性に関する実証研究』財団法人吉田秀雄記念事業財団　平成12年度・第34次助成研究報告，2001b．
今井賢一・金子郁容『ネットワーク組織論』岩波書店，1988．
遠藤薫「仮想性への投企─バーチャルコミュニティの近代─」『社会学評論』Vol.48 No.4, 1998, pp.438-452．
遠藤薫『電子社会論　電子的想像力のリアリティと社会変容』実教出版，2000．
大澤幸生「地震履歴データマイニングによる危険断層の発見」『人工知能学会誌』15巻1号，人工知能学会，2000, pp.57-60．
大澤幸生「予兆発見手法としてのKeyGraphとその人間活動への応用」『A02発見特集』，2001, pp.138-144．
大澤幸生・ネルス E. ベンソン・谷内田正彦「KeyGraph：語の共起グラフの分割・統合によるキーワード抽出」『電気情報通信学会論文誌D-Ⅰ』Vol.J82-D-Ⅰ No.2, 1999, pp.391-400．
小川美香子・佐々木裕一・津田博史・吉松徹郎・國領二郎「黙って読んでいる人達（ROM）の情報伝播行動とその購買への影響」『マーケティングジャーナル』Vol.22 No.4, 88, 2003, pp.39-51．
小澤亘『「ボランティア」の文化社会学』世界思想社，2001．
片平秀貴『新版パワー・ブランドの本質─企業とステークホルダーを結合させる「第五の経営資源」─』ダイヤモンド社，1999a．
片平秀貴「ブランドをつくるということ」，嶋口充輝・竹内弘高・片平秀貴・石井淳蔵編『マーケティング革新の時代3ブランド構築』有斐閣，1999b, pp.1-13．
金森剛「CCCI REPORT　サイバービジネス・プロジェクト「電活クラブ」プロジェクト紹介」『知的資産創造』野村総合研究所，1999，8月号，p.80．
金森剛『ブランドマーケティングにおけるネットコミュニティの活用』筑波大学大学院ビジネス科学研究科博士論文，2007，6月．
金森剛「4-2 ネットコミュニティのマーケティング効果」『2009ネットコミュニテ

ィ白書』メディアクリエイト，2008，12月，pp.106-113.
金森剛「第4章ネットコミュニティの影響力」平野敏政編『家族・都市・村落生活の近現代』，慶應義塾大学出版会，2009a，4月，pp87-108.
金森剛「健康行動とネットコミュニティ：ダイエットサイトでの態度変容過程」『第38回消費者行動研究コンファレンス報告要旨集』日本消費者行動研究学会，2009b，6月，pp.39-42.
金森剛・木村淳「ブランドマーケティングにおけるネットコミュニティの活用」，『知的資産創造』Vol.11 No.2，野村総合研究所，2003，pp.54-65.
金森剛・西尾チヅル「ネットコミュニティの知覚品質とその構造」『経営情報学会誌』16巻1号，経営情報学会，2007，6月，pp.25-47.
金森剛・西尾チヅル「ネットコミュニティのブランド態度形成効果」『日経広告研究所報』221号，日経広告研究所，2005，6月，pp.66-75.
金子郁容『ボランティア―もうひとつの情報社会』岩波書店，1992.
金子郁容『コミュニティ・ソリューション―ボランタリーな問題解決にむけて』岩波書店，1999.
川浦康至「快適なコミュニケーションのために」，川浦康至・黒岩雅彦・大谷裕子編『電子コミュニティの生活学』中央経済社，1998，pp.117-135.
川上善郎『セレクション社会心理学16　うわさが走る　情報伝播の社会心理』サイエンス社，1997.
川端亮「社会学調査の歴史：計量的手法を中心に」，高坂健次・厚東洋輔編『講座社会学1　理論と方法』東京大学出版会，1998，pp.239-270.
北原利行「インターネットがもたらすもの～企業のマーケティング・コミュニケーションに対する影響～」『季刊マーケティングジャーナル』Vol.64，1997，pp.50-67.
北山聡「フォーラムの生態：インタビュー＋計量分析の試み」，NIFTYネットワークコミュニティ研究会編『電縁交響主義』NTT出版，1997，pp.34-67.
熊谷文枝『デジタルネットワーク社会の未来　社会学からみたその光と影』ミネルヴァ書房，1999.
栗木契「消費における二重の情報処理―消費者情報処理からの消費欲望の創発へ―」『流通研究』第4巻　第1号，2001，pp.1-14.
國分康孝『カウンセリング心理学入門』PHP研究所，1998.
國領二郎「ネットワーク上の顧客間インタラクション」，高木晴夫・木嶋恭一編『マルチメディア社会システムの諸相』日科技連，1997，pp.51-72.
國領二郎「ネット上における消費者の組織化―そごうに対する不買運動の事例か

ら―」, http://www.e.u-tokyo.ac.jp/itme/dp/dp73.pdf, 2001.

佐々木裕一・津田博史「評価サイトユーザーにおける情報の有効度と購買行動:会員登録期間及び参照購買回数による相関分析」『経営情報学会誌』Vol.14 No.1, 2003, 6月号, pp.19-43.

澤田瑞也『共感の心理学―そのメカニズムと発達―』世界思想社, 1992.

篠原一光・三浦麻子「WWW掲示板を用いた電子コミュニティ形成過程に関する研究」『社会心理学研究』Vol.14 No.3, 1999, pp.144-154.

嶋口充輝『顧客満足型マーケティングの構図:新しい企業成長の論理を求めて』有斐閣, 1994.

嶋口充輝・竹内弘高・片平秀貴・石井淳蔵『マーケティング革新の時代①顧客創造』有斐閣, 1998.

清水聰「インターネットの世界における消費者行動について」『インターネットの世界における消費者行動を探る研究会2001年度報告書』(社) 日本マーケティング協会マーケティングサイエンス研究会編, 2002, pp.3-5.

杉本徹雄「集団の要因と消費者行動」, 杉本徹雄編著『消費者理解のための心理学』福村出版, 1997, pp.223-237.

鈴木広「アーバニズム論の現代的位相」, 金子勇・森岡清志編著『都市とコミュニティの社会学』ミネルヴァ書房, 2001, pp.1-15.

鈴木裕久「流行」, 池内一編『講座社会心理学3 集合現象』東京大学出版会, 1977, pp.121-152.

高木晴夫『ネットワーク リーダーシップ』日科技連, 1995a.

高木晴夫「マルチメディアを使う深層心理」, 高木晴夫他編『マルチメディア時代の人間と社会:ポリエージェントソサエティ』日科技連, 1995b, pp.27-58.

田中洋「ふたたび, 今, なぜブランドなのか:基本的概念の再検討と状況分析」, 青木幸弘・岸志津江・田中洋編著『ブランド構築と広告戦略』日本経済新聞社, 2000, pp.1-16.

丹野宏一『電子ネットワーク上でのフォーラムの消費者間コミュニケーションの機能とその効果』筑波大学経営・政策科学研究科経営システム科学専攻修士論文, 1999.

電通EYE/くちコミ研究会『ヒットの裏にくちコミあり』マネジメント社, 1995.

豊田秀樹「「討論:共分散構造分析」の特集にあたって」, 特集「討論:共分散構造分析」,『行動計量学』第29巻第2号 (通巻57号), 日本行動計量学会, 2002, 12月, pp.135-137.

中久郎「ゲマインシャフト・コミュニティ・共同体」, 安田三郎・塩原勉・富永健一・

参考文献

吉田民人編『基礎社会学第Ⅳ巻　社会構造』東洋経済新報社，1981，pp.72-98.

中川理・日戸浩之・宮本弘之「ネットワーク外部性や学習効果，ブランドなどを活用した　顧客ロックイン戦略」『ダイヤモンド・ハーバード・ビジネス・レビュー』ダイヤモンド社，2001，10月，pp.40-55.

中島久雄・袖山欣大「コンシェルジェ型サービスへの進化　ユビキタス・マーケティング」『ダイヤモンド・ハーバード・ビジネス・レビュー』ダイヤモンド社，2001，12月，pp.72-83.

中村雄二郎・金子郁容『21世紀へのキーワード　インターネット哲学アゴラ―弱さ』岩波書店，1999.

日戸浩之「ネット時代のマーケティング戦略　IT武装で変わる消費者行動　3つの着眼点で攻略せよ」『日経情報ストラテジー』，2001，6月，pp.192-197.

NIFTYネットワークコミュニティ研究会（金子郁容・松岡正剛・中村雄二郎・岡田智雄他）『電縁交響主義　ネットワークコミュニティの出現』NTT出版，1997.

日本広告主協会Webマーケティング研究会編『Webマーケティング年鑑2002』株式会社インプレス，2002.

日本マーケティング協会監修『インターネット・マーケティング・ベーシックス』日経BP社，2000.

社団法人日本マーケティング協会マーケティングサイエンス研究会編『インターネットの世界における消費者行動を探る研究会2001年度報告書』，2002.

根来龍之・海老根智仁「サイバーコミュニティを使った「ニーズ調査」の有効性に関する比較研究」『経営情報学会2000年春季大会発表』，2000.

野村総合研究所メガテーマ・プロジェクション委員会編『NRIメガテーマ・プロジェクション1991 共感の戦略』野村総合研究所，1991.

野村総合研究所メガテーマ・プロジェクション委員会編『NRIメガテーマ・プロジェクション1992 共生の戦略：グローバル共生企業のマネジメント革新』野村総合研究所，1992.

野村総合研究所『「緑えんネット」物語～コミュニティ・イントラネットのつくり方～』野村総合研究所，2001.

南風原朝和「モデル適合度の目標適合度―観測変数の数を減らすことの是非を中心に」，特集「討論：共分散構造分析」，『行動計量学』第29巻第2号（通巻57号），2002，12月，pp.160-166.

南風原朝和・市川伸一・下山晴彦『心理学研究法入門―調査・実験から実践まで』東京大学出版会，2001.

橋本之克「マーケティングとブランドマネジメント～「コミュニティ・マーケティング」の可能性～」『品質管理』Vol.52 No.2, 2001, 2月, pp.65-69.

濱岡豊「消費者間相互依存／相互作用」『マーケティング・サイエンス』Vol.2 No.1, 2, 1993, pp.60-85.

濱岡豊「クチコミの発生と影響メカニズム」『消費者行動研究』Vol.2, No.1, 1994, pp.29-73.

濱岡豊「クチコミとネットワーク・ビジネス」, 野中郁次郎・ネットワークビジネス研究会編『ネットワーク・ビジネスの研究—ふれあいが創る共感コミュニティ』日経BP企画, 2000, pp.155-215.

濱島朗・竹内郁郎・石川晃弘『社会学小事典』有斐閣, 1977.

船津衛『コミュニケーション・入門　心の中からインターネットまで』有斐閣, 1996.

古川一郎『出会いの「場」の構想力—マーケティングと消費の「知」の進化』有斐閣, 1999.

古川一郎「双方向性が作るサイバー・コミュニティ」, 古川一郎・電通デジタル・ライフスタイル研究会編『顧客たちのeコミュニティ：デジタルライフ革命』東洋経済新報社, 2001, pp.233-257.

古川良治「電子コミュニティの〈虚〉と〈実〉」, 川上善郎・川浦康至・池田謙一・古川良治『電子ネットワーキングの社会心理：コンピュータ・コミュニケーションへのパスポート』誠信書房, 1993, pp.106-137.

松村真宏・大澤幸生・石塚満「テキストによるコミュニケーションにおける影響の普及モデル」『人工知能学会論文誌』第17巻3号, 2002, pp.259-267.

丸岡吉人「ラダリング法の現在：調査方法, 分析手法, 結果の活用と今後の課題」『マーケティング・サイエンス』Vol.7 No.1・2, 1998, pp.40-61.

三浦麻子「ブレーンストーミングにおけるコミュニケーション・モードと目標設定の効果」『対人社会心理学研究』第1号, 2001, pp.45-58.

水上英徳「生活世界とシステム」, 佐藤勉編『コミュニケーションと社会システム—パーソンズ・ハーバーマス・ルーマン—』恒星社厚生閣, 1997, pp.159-180.

南潮『エージェント間のインタラクションによる世論形成モデルの考察』筑波大学経営・政策科学研究科経営システム科学専攻修士論文, 1998.

南知恵子「インタラクティブ・マーケティングとコミュニケーション」, 石井淳蔵・石原武政編著『マーケティングダイアログ　意味の場としての市場』白桃書房, 1999, pp.101-120.

南知恵子「リテラシー・リーダーとのインタラクション」『Diamond Harvard

参考文献

Business Review』ダイヤモンド社，June 2001，pp.128-131.

宮田加久子『電子メディア社会——新しいコミュニケーション環境の社会心理——』誠信書房，1993.

宮田加久子「ネットワークと現実世界」，池田謙一編『ネットワーキング・コミュニティ』東京大学出版会，1997，pp.117-136.

宮田加久子「インターネットを通じた消費者間コミュニケーション過程」，高木修監修・竹村和久編『シリーズ21世紀の社会心理学1　消費行動の社会心理学』北大路書房，2000，pp.80-94.

宮田加久子・池田謙一「インターネットでの「評判」(reputation) と広告の実証研究　情報の信頼性判断基準としての「評判」の形成過程とその消費行動に与える影響」財団法人吉田秀雄記念事業財団　平成12年度・第34次助成研究報告，2001.

村上宣寛・村上千恵子「主要5因子性格検査の尺度構成」『性格心理研究』第6巻第1号，1997，pp.29-39.

村上泰亮・公文俊平・佐藤誠三郎『文明としてのイエ社会』中央公論社，1979.

村本理恵子・菊川暁『ネットコミュニティがビジネスを変える：コラボレーティブ・マーケティングへの転換』NTT出版，2003.

安川一・杉山あかし「生活世界の情報化」，児島和人編『講座社会学8　社会情報』東京大学出版会，1999，pp.73-115.

安田雪『ワードマップ　ネットワーク分析　何が行為を決定するか』新曜社，1997.

安田雪『実践ネットワーク分析　関係を解く理論と技法』新曜社，2001.

山岸俊男『信頼の構造　こころと社会の進化ゲーム』東京大学出版会，1998.

山岸俊男『安心社会から信頼社会へ　日本型システムの行方』中央公論社，1999.

山本晶「発信する顧客は優良顧客か？：サイトの訪問動機とオンライン・ショップの購買履歴データの分析」『消費者行動研究』Vol.11　No.1，2，2005，pp.35-49.

山本仁志・石田和成・太田敏澄「消費者間オンライン取引における評判管理システムの分析」『経営情報学会誌』Vol.12　No.3，2003，12月号，pp.55-69.

横田絵里「新しい組織のマネジメント・コントロール課題：日本企業をポリエージェントシステムとして考察する」，高木晴夫・木嶋恭一編『マルチメディア社会システムの諸相』日科技連，1997，pp.73-113.

吉田純『インターネット空間の社会学　情報ネットワーク社会と公共圏』世界思想社，2000.

【著者紹介】

金森　剛（かなもり　つよし）

1960年生まれ。慶應義塾大学卒，筑波大学院修了。博士（経営学）。野村総合研究所ビジネスイノベーション事業部長，ヘルスケアイノベーション事業部長などを経て，2008年より相模女子大学人間社会学部社会マネジメント学科准教授。専修大学経営学部非常勤講師，法政大学大学院経営学研究科非常勤講師。専門はマーケティング，消費者行動。

〈主要著書・論文〉
『家族・都市・村落生活の近現代』（慶應義塾大学出版会，2009年，共著），『2009ネットコミュニティ白書』（メディアクリエイト，2008年，共著），「ネットコミュニティの知覚品質とその構造」，『経営情報学会誌』（16-1，2007年，所収），『新版経営学』（実教出版，2006年，共著），「ネットコミュニティのブランド態度形成効果」，『日経広告研究所報』（221，2005年，所収），『基本マーケティング用語辞典（新版）』（白桃書房，2004年，共著）などがある。
http：//www.sagami-wu.ac.jp/kanamori.html

■ネットコミュニティの本質
■ 発行日──2009年11月26日　初版発行　　〈検印省略〉

■ 著　者──金森　剛
■ 発行者──大矢栄一郎
■ 発行所──株式会社　白桃書房
　　　　　〒101-0021　東京都千代田区外神田5-1-15
　　　　　☎ 03-3836-4781　🆂 03-3836-9370　振替00100-4-20192
　　　　　　　　　http://www.hakutou.co.jp/

■ 印刷・製本──藤原印刷

© Tsuyoshi Kanamori 2009　Printed in Japan　ISBN978-4-561-66185-6 C3063

JCOPY 〈(社)出版者著作権管理機構　委託出版物〉
本書の無断複写は著作権法上の例外を除き禁じられています。複写される場合は，
そのつど事前に，(社)出版者著作権管理機構（電話 03-3513-6969，FAX 03-3513-
6979，e-mail：info@jcopy.or.jp）の許諾を得てください。
落丁本・乱丁本はおとりかえいたします。

田村正紀 著

立地創造
イノベータ行動と商業中心地の興亡

立地創造とは，商業適地でない場所に，店舗や商業集積を計画的に起こし成功を収めることである。本書は，地理情報データベースを駆使して，大都市圏での流通イノベータの行動とそれによる商業中心地の興亡を実証的に解明した。

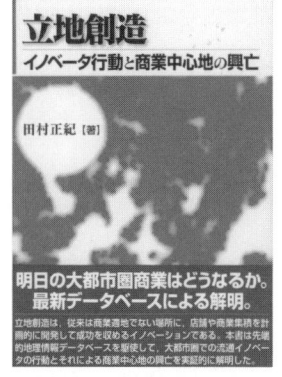

ISBN978-4-561-63168-2 C3063　A5判　320頁　本体 3,400 円

大江ひろ子　編著　蓼沼智行・雨宮史卓・大塚時雄　著

コミュニケーション・マーケティング
共鳴と共感の対話型企業経営

マーケティングにおけるコミュニケーションの重要性を確認し，特に，顧客認知の実態把握が重要であることをふまえ消費者の意識調査結果を用いた実証分析を交えて，企業行動のあるべき方向性を論じる。

ISBN978-4-561-25475-1 C3063　A5判　232頁　本体 2,800 円

白桃書房

進藤　美希 著
インターネットマーケティング

インターネットを使ったビジネスに役立つ現代のマーケティング手法を解説。ビジネスモデルの設計などの理論から実践まで述べられており，第一線のビジネスマン，経営学研究者，起業したい学生にとっての必読書であろう。

ISBN978-4-561-65183-3　C3063　A5 判　320 頁　本体 3,600 円

嶋口充輝　監修　川又啓子・余田拓郎・黒岩健一郎　編著
マーケティング科学の方法論

マーケティングは「科学」といえるのだろうか。マーケティングの科学論争，マーケティング理論発見の方法論，マーケティング実践知の発見，という3つの視点から，この問題を問い直す。マーケティング研究者必読の書。

ISBN978-4-561-66181-8　C3063　A5 判　240 頁　本体 3,200 円

白桃書房

イーラーン・リミテッド 著　小宮路雅博 訳
イメージとレピュテーションの戦略管理

企業のイメージとレピュテーションをどのように創造・獲得し，管理するか？本書は企業のイメージとレピュテーションの獲得・創造とその管理を，企業倫理やガバナンス，危機管理等から捉えて解説。またＰＲの諸技法も紹介。

ISBN978-4-561-63184-2 C3063　A5判　144頁　本体 2,381

片野浩一 著
マーケティング論と問題解決授業

はじめてマーケティングを学ぶ学生やビジネスマンのための入門書。マーケティングの理解を助ける隣接分野（会計や経営戦略）についても解説を加え，またそれらの考え方の土台となる問題解決フレームワークを紹介する。

ISBN978-4-561-65175-8 C3063　A5判　160頁　本体 1,905 円

白桃書房